O coordenador pedagógico e o atendimento à diversidade

O coordenador pedagógico e o atendimento à diversidade

Laurinda Ramalho de Almeida
Vera Maria Nigro de Souza Placco
ORGANIZADORAS

Ecleide Cunico Furlanetto
Eliane B. G. Bruno
Francisco Carlos Franco
Hildizina Norberto Dias
Laurinda Ramalho de Almeida
Lilian Corrêia Pessoa
Luci Castor de Abreu
Lucia Gusson Aguiar
Maria Aparecida G. Monção
Marli André
Moacyr Silva
Vera Lucia Trevisan de Souza
Vera Maria Nigro de Souza Placco

Edições Loyola

Dados Internacionais de Catalogação na Publicação (CIP)
(Câmara Brasileira do Livro, SP, Brasil)

O coordenador pedagógico e o atendimento à diversidade /
Laurinda Ramalho de Almeida, Vera Maria Nigro de Souza Placco,
organizadoras. -- 3. ed. -- São Paulo : Edições Loyola, 2015.

Vários autores.
Bibliografia.
ISBN 978-85-15-03716-2

1. Coordenadores educacionais 2. Diversidade social
3. Educação - Finalidades e objetivos 4. Pedagogia 5. Professores
- Formação I. Almeida, Laurinda Ramalho de. II. Placco, Vera Maria
Nigro de Souza.

15-04852   CDD-370.71

Índices para catálogo sistemático:
1. Coordenação pedagógica : Educação   370.71
2. Coordenadores pedagógicos : Educação   370.71

Conselho Editorial:
Abigail Alvarenga Mahoney
Emilia Freitas de Lima
Idméa Semeghini Próspero Machado de Siqueira
Laurinda Ramalho de Almeida
Melania Moroz
Vera Maria Nigro de Souza Placco

Preparação: Maurício Balthazar Leal
Capa: Maria Clara R. Oliveira
Diagramação: Flávia Dutra
Revisão: Renato da Rocha

Edições Loyola Jesuítas
Rua 1822, 341 – Ipiranga
04216-000 São Paulo, SP
T 55 11 3385 8500/8501 • 2063 4275
editorial@loyola.com.br
vendas@loyola.com.br
www.loyola.com.br

Todos os direitos reservados. Nenhuma parte desta obra pode ser reproduzida ou transmitida por qualquer forma e/ou quaisquer meios (eletrônico ou mecânico, incluindo fotocópia e gravação) ou arquivada em qualquer sistema ou banco de dados sem permissão escrita da Editora.

ISBN 978-85-15-03716-2

3ª edição: 2015

© EDIÇÕES LOYOLA, São Paulo, Brasil, 2010

Sumário

Apresentação 7

1. A coordenação pedagógica no estado de São Paulo nas memórias dos que participaram de sua história 11
   Laurinda Ramalho de Almeida

2. Diferentes aprendizagens do coordenador pedagógico 47
   Vera Maria Nigro de Souza Placco
   Vera Lucia Trevisan de Souza

3. O coordenador pedagógico e a formação de professores para a diversidade 63
   Marli André
   Hildizina Norberto Dias

4. Os saberes necessários ao coordenador pedagógico de educação infantil: reflexões, desafios e perspectivas 77
   Eliane B. G. Bruno
   Luci Castor de Abreu
   Maria Aparecida G. Monção

5. Coordenação de professores alfabetizadores: um desafio a ser vencido 99
   Lilian Corrêia Pessôa

6. O coordenador pedagógico e o desafio de articular as ações pedagógicas no ciclo II do ensino fundamental: algumas possibilidades 111
   Moacyr da Silva

7. A coordenação pedagógica e a educação
de jovens e adultos 121
Francisco Carlos Franco

8. Desafios do coordenador pedagógico no processo de inclusão
de alunos com deficiência no ensino regular 141
Lucia Gusson Aguiar

9. Como acolher a singularidade das escolas? Uma reflexão
sobre o papel do coordenador 157
Ecleide Cunico Furlanetto

Apresentação

Mais uma vez nos dirigimos aos coordenadores pedagógicos. Já o fizemos em *O coordenador pedagógico e a educação continuada*, *O coordenador pedagógico e a formação docente*, *O coordenador pedagógico e o espaço da mudança*, *O coordenador pedagógico e o cotidiano da escola*, *O coordenador pedagógico e questões da contemporaneidade* e *O coordenador pedagógico e os desafios da educação*.

Desta feita, nosso foco é o atendimento à diversidade: a) das escolas, porque cada escola é uma realidade pedagógico-social dotada de uma cultura própria, porém com os condicionantes do sistema educacional; 2) dos diferentes segmentos que integram a instituição escolar.

O primeiro texto, "A coordenação pedagógica no estado de São Paulo nas memórias dos que participaram de sua história", resultado de pesquisa documental e depoimentos de coordenadores pedagógicos que atuaram em diferentes contextos de políticas educacionais no estado de São Paulo, registra a trajetória da coordenação pedagógica na rede pública estadual, que se mostra efetivamente voltada para as coisas pedagógicas já a partir dos anos de 1960. Os depoimentos, além de seu valor histórico, oferecem excelentes pistas para um bom trabalho de coordenação.

O segundo texto, "Diferentes aprendizagens do coordenador pedagógico", discute questões relevantes tais como: Há saberes específicos a ser mobilizados por este profissional? Quais são?

De que natureza? Qual sua fonte? É possível pensar em saberes hierarquicamente mais importantes? Que aprendizagens são necessárias à sua apropriação?. As respostas a elas envolvem, em última instância, a formação identitária dos professores e do próprio coordenador pedagógico.

Em "O coordenador pedagógico e a formação de professores para a diversidade" focaliza-se o importante papel que pode assumir o coordenador pedagógico na formação do professor para o atendimento à diversidade. Propõe-se o uso da metodologia de pesquisa, que consiste no ativo envolvimento do professor na definição dos problemas a ser investigados e na busca de caminhos para sua elucidação, contando com as orientações do coordenador pedagógico.

O capítulo "Os saberes necessários ao coordenador pedagógico de educação infantil" apresenta reflexões, desafios e perspectivas de trabalho nesse nível de ensino, incidindo na necessidade da formação inicial e continuada dos coordenadores pedagógicos que atuam nesse segmento, assim como dos processos formativos que eles propiciam aos educadores.

Em "Coordenação de professores alfabetizadores: um desafio a ser vencido", as questões priorizadas para reflexão são: Quais são os desafios no atual cenário da educação? De que modo o coordenador pedagógico prepara-se para enfrentá-los? Quais são os recursos de que ele dispõe? Quem são seus parceiros nesse processo?.

O objetivo principal do texto "O coordenador pedagógico e o desafio de articular as ações pedagógicas no ciclo II do ensino fundamental: algumas possibilidades" é dialogar e refletir com os coordenadores pedagógicos a respeito das novas exigências em relação à escola e de uma nova postura, em especial a da articulação dos ciclos propostos.

O texto "A coordenação pedagógica e a educação de jovens e adultos" (EJA) discute a construção de um projeto específico para a EJA e aspectos da formação continuada dos docentes, com foco na EJA e na realidade da unidade escolar. Enfatiza também a articulação do projeto da EJA com os momentos de formação continuada dos professores em reuniões pedagógicas.

Apresentação

O texto "Os desafios do coordenador pedagógico no processo de inclusão de alunos com deficiência no ensino regular" auxilia na compreensão de seu papel, para que o coordenador tome consciência das limitações e possibilidades de atuação, enfrentando as pressões decorrentes desses processos de inclusão.

O texto "Como acolher a singularidade das escolas? Uma reflexão sobre o papel do coordenador" nasce na confluência de duas experiências vividas pela autora como coordenadora pedagógica em diferentes escolas de ensino fundamental, e auxilia na compreensão sobre o papel do coordenador pedagógico e como ele se reconfigura em cada cenário escolar.

Com este conjunto de textos, buscamos uma nova e sempre prazerosa aproximação com as escolas e os coordenadores pedagógicos. Ao propor como temática o "atendimento à diversidade", reconhecemos a multiplicidade presente nas escolas, ao lado das especificidades de cada sistema escolar e de cada segmento de ensino; lembramos a diversidade humana e social ali presente, ao lado dos direitos de todos a uma educação de qualidade; valorizamos a infinita diversidade individual, ao lado do compromisso com o coletivo; reconhecemos que cada escola percorre seu caminho, de maneira única, mas objetiva fins e metas comuns, em direção à formação integral de seu aluno.

São Paulo, fevereiro de 2010

LAURINDA RAMALHO DE ALMEIDA
VERA MARIA NIGRO DE SOUZA PLACCO

1
A coordenação pedagógica no estado de São Paulo nas memórias dos que participaram de sua história

Laurinda Ramalho de Almeida[1]
laurinda@pucsp.br

> O tempo somente é quando algo acontece, e onde algo acontece o tempo está.
>
> Milton Santos

Este texto resulta de pesquisa documental e de depoimentos que me foram generosamente concedidos por profissionais da educação que atuaram na coordenação pedagógica, na rede estadual de ensino de São Paulo, nas últimas cinco décadas, portanto em diferentes contextos de políticas públicas.

A opção por focalizar a rede estadual, mesmo reconhecendo que as redes municipal e particular oferecem bonitas trajetórias de coordenação pedagógica, decorre de uma razão de ordem afetiva: trabalhei na rede pública estadual de São Paulo por 31 anos, e nela conheci muitos profissionais que atuaram na área pedagógica com uma inten-

---

[1]. Vice-coordenadora e professora doutora do Programa de Estudos Pós-Graduados em Educação: Psicologia da Educação, da PUC-SP.

cionalidade explícita para a qualidade do ensino público, com entusiasmo, competência e firmeza. Os que vou apresentar fazem parte desse grupo e representam diferentes momentos de políticas públicas.

Solicitei aos profissionais que respondessem — alguns o fizeram por escrito, outros em entrevistas individuais — às seguintes questões:

1. Como era feita a coordenação pedagógica?
2. Como os professores, a direção, os outros profissionais e os alunos viam seu trabalho?
3. Havia acompanhamento de seu trabalho por algum órgão ou profissional?
4. Quais foram suas maiores alegrias/realizações na coordenação? E seus piores momentos?
5. Como você expressa hoje o que significou a participação naquele momento de sua trajetória profissional?

Os educadores que me concederam seu tempo e suas memórias (e autorizaram sua identificação) prestaram informações valiosas que me permitiriam elaborar um texto de maior densidade do que o que será apresentado nesta coletânea. Aqui, em decorrência do espaço destinado ao artigo, proponho-me apresentar as respostas dadas às questões 4 e 5, comprometendo-me a apresentar as demais informações em outros trabalhos oportunamente.

Selecionei profissionais que trabalharam na coordenação pedagógica em diferentes momentos de vigência de políticas públicas, e em função deles organizei o texto.

1. Momentos de vanguarda da coordenação pedagógica na rede estadual de ensino de São Paulo

Nos anos de 1960, floresceram no Brasil inúmeras linhas de "escolas experimentais", decorrentes da abertura oferecida pela Lei nº 4.024, de dezembro de 1961, em seu artigo 104:

> Será permitida a organização de cursos ou escolas experimentais, com currículos, métodos e períodos escolares próprios, depen-

dendo o seu funcionamento, para fins de validade legal, da autorização do Conselho Estadual de Educação, quando se tratar de cursos primários e médios, e do Conselho Federal da Educação, quando de cursos superiores ou de estabelecimentos de ensino primário e médio sob a jurisdição do Governo Federal.

A Lei n° 5.692, de agosto de 1971, em seu artigo 64, ratifica esse dispositivo.

Entre essas linhas, todas no contexto do chamado ensino renovado, tivemos as escolas de aplicação, as escolas experimentais, os ginásios pluricurriculares, entre outros.

No estado de São Paulo, três experiências de renovação merecem destaque pela repercussão que tiveram em seu momento histórico e pela contemporaneidade das questões que propuseram: o Colégio de Aplicação da USP, os Ginásios Vocacionais e o Ginásio Experimental "Dr. Edmundo de Carvalho" (Experimental da Lapa).

1.1. Colégio de Aplicação da USP

Em decorrência de convênio firmado entre a Faculdade de Filosofia, Ciências e Letras — FFCL — da USP e a Secretaria Estadual de Educação, em 1957 esta última cedeu um estabelecimento da rede de ensino secundário para que a Faculdade ali instalasse um Colégio de Aplicação, para estágio dos licenciandos. Em 1962 foram nele instaladas as classes ginasiais experimentais, depois denominadas integradas, fundamentadas em experiências pedagógicas renovadas, tornando o Colégio de Aplicação referência para o ensino.

Julieta Ribeiro Leite exerceu a coordenação pedagógica das classes ginasiais integradas do Colégio de Aplicação no período de 1963 a 1968, como função (era professora secundária efetiva de educação). A partir do segundo ano de trabalho, assumiu a coordenação geral, antes exercida conjuntamente com o Prof. Scipione de Pierro Neto, da cadeira de Prática de Ensino da FFCL. Trabalhara, em 1962, como orientadora educacional no Ginásio Vocacional de Americana. Já no Aplicação, estagiou no Instituto

Pedagógico de Sèvres, na França, "e lá, e aqui, devorei toda a literatura sobre renovação educacional disponível na época".

Depoimento de Julieta Ribeiro Leite

Quais foram suas maiores alegrias/realizações na coordenação? E os piores momentos?

Alegrias: a oportunidade de participar de um trabalho inovador que poderia ter contribuído em muito para o aperfeiçoamento do sistema de ensino de São Paulo e quiçá do Brasil, se não tivesse sido interrompido abruptamente como foi. É importante lembrar que o Colégio de Aplicação, como laboratório, como campo experimental da USP, era responsável pela formação prática de futuros professores, orientadores, coordenadores, diretores que viessem a integrar o corpo docente e a equipe técnico-administrativa das redes de ensino oficiais e de escolas particulares. Atendia também a profissionais que buscavam no Colégio enriquecimento e/ou troca de experiências, gerando inclusive um simpósio sobre educação renovada, com participação significativa de escolas oficiais e particulares. O apoio dos colegas, o reconhecimento dos pais de alunos e o entusiasmo destes no decorrer do processo foram outra fonte de alegria. Nesse processo educacional salientou-se a vivência da integração entre pessoas, o que persiste até hoje.

Realizações: a própria coordenação da experiência de renovação foi a mais gratificante realização. A conquista de pagamento de horas de trabalho extraclasse, a exemplo do que já acontecia nos Vocacionais, também foi uma realização importante, permitindo que os professores concentrassem sua jornada de trabalho no Aplicação e pudessem participar de todas as atividades extraclasse, inclusive estudos do meio fora da cidade e do estado. A introdução de aulas de recuperação por nível de dificuldade, com a formação de grupos com integrantes de diferentes classes, foi também uma realização importante. Outra foi conceder aos alunos mais lentos o tempo necessário para a realização de tarefas em classe, inclusive provas. Também foi importante o equilíbrio na matrícula das primeiras séries entre candidatos aprovados no exame de admissão provenientes de escolas públicas e escolas particulares. Tivemos, além disso, a introdução da Orientação em Grupo, em integração com o Setor de Orientação Educacional, como atividade curricular semanal, para discussão de assuntos comportamentais de interesse dos alunos. Desenvolvi esse trabalho no Vocacional de Americana, e pelo sucesso obtido sugeri sua inclusão no Aplicação. Destacou-se também um projeto de orientação sexual, em integração com a Orientação Educacional e com a área de ciências e assessoria de um pai de aluno médico psiquiatra.

Como você expressa hoje o que significou tal participação naquele momento de sua trajetória profissional?

A experiência vivida no Colégio de Aplicação, de 1963 a 1968, foi, sem dúvida, a mais significativa da minha trajetória profissional. Dei tudo de mim e muito aprendi — teoria e prática — na troca com os colegas, com os dirigentes, com professores da USP, com os pais, com os jovens alunos e com outras pessoas que participaram, direta ou indiretamente, daquela fase da minha vida. As perdas foram doloridas e dolorosas, mas os ganhos compensaram em muito todo o sofrimento. Prossegui a minha carreira no magistério secundário e universitário; trabalhei, posteriormente, em órgãos técnicos da Secretaria de Estado da Educação de São Paulo; desenvolvi projetos de assessoria e consultoria em outras entidades oficiais e particulares do nosso e de alguns outros estados do Brasil. Em todas essas situações, apliquei o que acrescentei à minha bagagem profissional e pessoal na passagem pelo Aplicação e o que continuei aprendendo na busca de constante aperfeiçoamento.

1.2. Ginásios Vocacionais

Os Ginásios Vocacionais (Ginásios Estaduais Vocacionais — GEV) foram criados pela Lei n° 6.052/1961 — a nova Lei do

Ensino Vocacional —, implantados e coordenados pelo Serviço de Ensino Vocacional, órgão ligado à Secretaria Estadual de Educação de São Paulo. O ensino vocacional foi um processo pedagógico com quase dez anos de duração (1962-1970), experiência renovadora, extinta pelo governo militar. Fortemente comprometido com um projeto político-pedagógico para a formação integral do educando, constituiu-se numa experiência pioneira de "escolas de cidadania". Funcionou em seis cidades de porte médio e grande do estado de São Paulo: GEV da Capital, GEV de Batatais, GEV de Rio Claro, GEV de Americana, GEV de Barretos, GEV de São Caetano do Sul (ROVAI 2005). Moacyr da Silva exerceu a coordenação pedagógica de 1968 a 1971 no Ginásio Vocacional "João XXIII", de Americana. Na época sua formação acadêmica era pedagogia, cursada na USP de Ribeirão Preto, com pós-graduação em administração escolar. Diretor efetivo, foi selecionado para a função de orientador pedagógico.

Depoimento de Moacyr da Silva

Quais foram suas maiores alegrias/realizações na coordenação? E os piores momentos?

Alegrias e realizações: ter contribuído para a formação continuada dos professores em serviço e crescido muito como educador nessa troca de experiências com eles. A valorização do trabalho enquanto OP (orientador pedagógico) e a constatação do progressivo desenvolvimento dos alunos como sujeitos críticos e cidadãos comprometidos com a comunidade e a realidade social do seu tempo. Todos os profissionais da escola tinham uma visão muito positiva do nosso trabalho, que se iniciava com o nosso planejamento anual envolvendo a participação efetiva de todos, inclusive os funcionários. Neste eram traçadas as diretrizes gerais que todos deveriam assumir a curto, médio e longo prazo. Ao longo do ano, o planejamento era operacionalizado em unidades pedagógicas em círculos concêntricos, partindo-se do estudo da comunidade nas quintas séries, do estado nas sextas séries, do

Brasil nas sétimas e do mundo nas oitavas séries, num movimento contínuo, enfatizando-se sempre que os fatos e acontecimentos mundiais, por exemplo, refletiam no cotidiano da comunidade. As unidades pedagógicas eram definidas nas chamadas "aulas plataformas" e tratavam de problemas sociais que desencadeavam os estudos dos conteúdos de cada disciplina. Esses conteúdos eram trabalhados de forma integrada, que culminavam a cada bimestre numa aula síntese. A dupla OP–OE (orientador pedagógico– orientador educacional) coordenava e acompanhava cada passo do trabalho dos professores. Toda semana havia um período de reunião pedagógica em que sistematicamente passava-se a ter uma visão de cada classe em face dos estudos dos conteúdos e do desenvolvimento dos alunos. O acompanhamento desse desenvolvimento dava-se pelo processo de avaliação. Tratava-se realmente da avaliação em processo: autoavaliação, avaliação em equipe e avaliação do professor.

Piores momentos: a perseguição política, as distorções que os militares da ditadura deram às nossas ações e atividades pedagógicas, interpretando-as como subversivas, o que resultou na cassação da experiência.

Como você expressa hoje o que significou tal participação naquele momento de sua trajetória profissional?

Foi o período mais significativo de minha trajetória profissional. Possibilitou colocar em prática muito da formação teórica e de meus ideais como educador. O trabalho coletivo, a troca contínua e sistemática de experiências e o acompanhamento do crescimento dos profissionais da escola e dos alunos, processos dos quais participei, enriqueceram minha bagagem profissional e dão frutos até hoje.

1.3. Grupo Escolar — Ginásio Experimental Dr. Edmundo de Carvalho (Gegedec) — Experimental da Lapa

O Experimental da Lapa, idealizado pela professora Terezinha Fram, foi um espaço de experimentação educacional com regimento especial que lhe permitia uma política de recrutamento, seleção, treinamento e avaliação de educadores diferenciada da rede em geral — educadores que se identificassem com a proposta educacional da escola. O "Núcleo Experimental da Lapa" era composto pelo GEPE I, GEPE II, GEPE III, GEPE IV e Curso Supletivo de Adultos. GEPE é a sigla para Ginásio Estadual Pluricurricular Experimental, em virtude da difusão da proposta dos pluricurriculares, que era a política educacional da época. O Experimental da Lapa sobreviveu como experimental por algum tempo, quando a proposta dos pluricurriculares se extinguiu.

Vera Maria Nigro de Souza Placco havia cursado pedagogia e especialização em orientação educacional quando ingressou no Experimental, em 1970. Nele permaneceu até 1977. Entrou no Experimental como orientadora educacional e, durante cerca de ano e meio, não só na unidade na qual trabalhava, mas em todas, havia um profissional para a função de orientação educacional e um para orientação pedagógica. Depois desse período, a função passou a ser de orientação pedagógica educacional. A unidade na qual entrou — GEPE II — era para alunos maiores de 14 anos, no noturno. Vera Placco foi depois para o diurno, primeiro como coordenadora pedagógica educacional da 5ª série, depois como coordenadora geral.

Depoimento de Vera Maria Nigro de Souza Placco

Quais foram suas maiores alegrias/realizações na coordenação? E os piores momentos?

Eu acho que foram as discussões que nós mantínhamos. Esse foi o período em que o Verdão, Guias Curriculares com capa verde, foi proposto para toda a Rede de Ensino Estadual. A gente discutia o Verdão, e uma das coisas gostosas era ver as pessoas identificarem e dizerem: "Olha, é isso mesmo que a gente propunha, é assim que a gente trabalha!". Era encontrar ali os resultados daquilo que você está fazendo e propostas nas quais você acreditava. Eu acho que essa foi uma das coisas boas. Outra coisa boa que eu acho muito significativa: nós não tínhamos um trabalho sistemático e registrado de *follow up*, de acompanhamento dos alunos, mas, informalmente, a frequência de volta dos alunos à escola era uma coisa fantástica do nosso noturno, especialmente (estou dizendo do nosso noturno porque dos outros eu não tive tempo de acompanhar). No diurno, eu fiquei um ano com a 5ª série, dois anos como coordenadora geral, então eu não tive esse acompanhamento tão grande, mas no noturno sim. E no noturno era uma coisa fortíssima. O aluno chegava e dizia: "lembra de mim?". Claro, a gente lembrava. "Lembra de mim? Eu estou fazendo isso... eu consegui entrar na faculdade... eu fiz o colegial... eu fiz 'não sei o quê'"... Eles vinham contar, contar as histórias, trazer mulher e filhos... e isso depois que eles já estavam fora da escola, já tinham concluído, porque como eles tinham de 14 anos para mais eles saíam no mínimo com 16, 17 anos e entravam no colegial, entravam na faculdade, e mais: muitos conseguiam emprego. Onde você ia encontrava gente do Experimental, lutando, batalhando, numa posição seguramente melhor do que aquela que haviam tido antes. Então, ver estes resultados dava um prazer imenso; a gente tinha orgulho dos alunos e do nosso do trabalho. Eu acho que foi daí, desse trabalho, que me nasceu uma pergunta que eu faço até hoje para os coordenadores quando faço formação: O que o seu aluno leva de você quando ele sai daqui?

No noturno, nós tínhamos uma parceria com o diretor e nós mesmos nos avaliávamos e avaliávamos o nosso trabalho. Mas o coletivo também avaliava. Havia aquelas reuniões semanais em que você estava sempre avaliando e as pessoas trazendo os problemas e avaliando. No noturno era uma coisa mais próxima porque todos chegavam às seis e quinze, seis e meia a gente já estava lá. Às sete horas as aulas começavam e terminavam às onze horas. Então, ficávamos o tempo inteiro juntos, e quando os alunos estavam em aula e tudo mais a gente estava planejando, atendendo ocorrência, encaminhando... Havia esse controle, vamos dizer, era uma autorregulação, mas ao mesmo tempo uma regulação um do outro. Não havia acompanhamento de órgão externo, de profissionais externos. Não havia. Tudo interno. Até porque era quase o inverso, porque éramos nós que oferecíamos os treinamentos, as assessorias à Delegacia de Ensino, que era a 12ª na época.

Piores momentos: piores... Sempre têm os piores... Eu acho que o pior momento que eu vivi foi um momento de desagregação de grupo em que eu me senti muito sozinha. O grupo estava muito difícil de trabalhar e o ano terminou assim. No finalzinho do ano, começou a haver um clima esquisito, eu me sentia muito mal e não sabia por quê. E fomos embora no final do ano com aquele clima esquisito, a meu ver. No ano seguinte, tudo se esclareceu, tendo se evidenciado que um diz que diz que de uma professora causara um mal-estar geral. E aí voltou tudo ao normal de repente, assim... Acho que foi o período mais penoso da minha vida. Foram cinco semanas, no máximo, cinco reuniões, o período das férias, porque eu fiquei "no ar", eu fiquei pensando... "Vale a pena voltar, porque tem alguma coisa esquisita acontecendo?" Mas foi ótimo eu ter decidido voltar, porque eu tive a oportunidade de que tudo fosse esclarecido e aí... o ano correu tranquilo.

Como você expressa hoje o que significou tal participação naquele momento de sua trajetória profissional?

Eu diria que a experiência do Experimental foi preciosa. Primeiro porque foi um privilégio poder fazer parte — aprendemos muito. Segundo porque, tendo entrado num local em que... era o diretor, tivemos a oportunidade de crescer juntos, de aprender... Eu aprendi muitíssimo, e construí ali relações preciosas do ponto de vista humano. Então, várias pessoas com quem eu me relacionei ali, eu diria que com elas eu aprendi demais e que as tive para a vida inteira como amigos. Além disso, aprender no respeito aos processos, aos momentos dos outros, não só dos alunos, mas dos professores também... e acompanhar os professores nas suas trajetórias, acho que foi assim um coisa especial. Então, o Experimental proporcionou esse tipo de experiência... Eu acho que teve um significado muito grande para mim e para a rede de ensino. Olha, eu acho que a gente aprendeu junto com os professores a fazer trabalho integrado do ponto de vista educacional e pedagógico, isto é, juntar o aluno na figura do aprendiz pessoa, ou pessoa aprendiz... e aprendeu muito do ponto de vista de acompanhar os professores na implementação dos seus projetos de área, projetos que conseguiram deixar de ser exclusivos da área de conhecimento, mas que abrangiam realmente a formação do aluno de uma maneira mais ampla.

1.4. Coordenadoria do ensino técnico

Ainda no eixo da coordenação pedagógica pioneira, seria injusto não mencionar o trabalho feito pela Coordenação de Ensino Técnico da Secretaria Estadual da Educação. Vou fazê-lo valendo-me da memória e com a colaboração da colega Nobuko Kawashita, com quem discuti a questão. Nós duas, aprovadas no concurso de ingresso de orientadores educacionais no ensino médio oficial do estado de São Paulo realizado em 1969, optamos por escolher o cargo de orientador educacional em ginásios técnicos. Convém lembrar que já na década de 1950 as escolas de ensino profissional contavam com orientadores educacionais.

Em 1970, na época em que assumimos os cargos, a Coordenadoria de Ensino Técnico contava com um serviço de suporte para esses profissionais. O serviço periodicamente promovia reuniões de estudo e acompanhamento para os orientadores da rede. Em decorrência das discussões sobre a necessidade de coordenação pedagógica nas escolas, os orientadores educacionais eram instados a escrever sobre a coordenação pedagógica como diretriz para o trabalho nas escolas. Nossas lembranças coincidem e indicam uma direção: os orientadores educacionais que trabalhavam nos então Ginásios Industriais, em 1970, entendiam que era importante a orientação educacional, mas igualmente importante a coordenação pedagógica, e acabaram por assumir um duplo papel de orientador educacional e pedagógico em suas unidades. Assumiram a necessidade de trabalhar a orientação educacional via currículo. Muitos dos orientadores educacionais que assumiram seus cargos na rede de ensino secundário e normal também o fizeram.

É preciso esclarecer que os orientadores educacionais assumiram a orientação pedagógica por direito e formação, e não como "quebra-galho". Haviam cursado pedagogia antes da instituição das habilitações nesse curso; tinham portanto um curso de quatro anos, e depois dele é que vinham as especializações. Ao cursar orientação educacional como pós-graduação, tinham uma formação pedagógica básica, o que lhes permitia atuar com segurança na orientação pedagógica.

2. Projetos especiais

A partir da segunda metade da década de 1970, diferentes gestores da pasta da Secretaria delinearam projetos para atender a um conjunto de escolas, e não à totalidade da rede, projetos que previam a figura do coordenador pedagógico ou professor coordenador para articular as ações.

2.1. Projetos para "escolas carentes"

Em 1976, a partir de estudos socioeconômico-demográficos sobre as escolas da rede estadual feitos por técnicos de órgãos centrais da Secretaria da Educação, foram identificadas as escolas que necessitavam de maior suporte de recursos humanos e materiais. Essas escolas ficaram conhecidas como "escolas carentes". Um dos serviços previstos era a presença do coordenador pedagógico: professores efetivos que passavam por um processo de seleção para ser designados coordenadores pedagógicos, com base no Decreto n° 7.709, de 18 de março de 1976. A Lei Complementar n° 201, de 9 de novembro de 1976, em suas disposições transitórias, permitiu que os coordenadores pedagógicos designados em exercício tivessem a função transformada em cargo. De sorte que a rede estadual de ensino passou a contar com coordenadores pedagógicos efetivos. Alguns foram participando de concursos para prosseguimento da carreira, outros permaneceram coordenadores. Em julho de 2008 o Departamento de Recursos Humanos da Secretaria da Educação registrava apenas dois coordenadores pedagógicos efetivos (com cargos, e não função).

Seguem-se dois depoimentos. O primeiro de Neusa Banhara Ambrosetti, que atuou numa dessas escolas, em Taubaté, de 1977 a 2001. À época da sua designação como coordenadora, era professora efetiva formada em pedagogia, com especialização em orientação pedagógica. Optou pela transformação da designação em cargo, porém mais tarde prestou concurso para supervisora de ensino, cargo no qual se aposentou.

O segundo depoimento é de Inez de Oliveira e Souza, uma das duas coordenadoras pedagógicas efetivas da rede estadual de ensino. Quando iniciou suas funções como coordenadora (designada) era professor I, formada em pedagogia (especialização em administração escolar) e letras (português/inglês). Obteve a transformação da designação em cargo e atua desde 1978 até hoje (janeiro de 2010) na mesma escola: Escola Estadual Professor Anísio Teixeira, na capital.

Depoimento de Neusa Banhara Ambrosetti

Minha turma foi a primeira a exercer formalmente a função de coordenação pedagógica nas escolas estaduais. Como era uma atividade nova na rede, que não estava muito clara para nós (nem para os demais envolvidos), tivemos que construir o papel de coordenador no dia a dia.

Lembro que tivemos um curso inicial, que abordou principalmente a questão do planejamento (ainda nos moldes tecnicistas), isto no final de 1976. Então voltamos para Taubaté, as seis "pioneiras" (de cerca de quarenta escolas, seis foram selecionadas como "carentes"), e, durante as férias de janeiro de 1977, fomos nos reunindo na casa de uma e de outra para estudar e preparar o nosso trabalho. A constituição desse grupo, que passou a atuar coletivamente, facilitou o nosso exercício profissional.

A função envolvia uma série de atividades, nem todas específicas da coordenação, mas havia uma preocupação minha em ocupar o espaço pedagógico, de forma a não permitir que o desempenho de outras funções, inevitável numa escola grande, com carência de funcionários, acabasse por se transformar em desvio da função de coordenação. A atividade principal era orientar e coordenar o planejamento da escola: no início do ano letivo era feita uma análise coletiva do funcionamento no ano anterior e a partir daí estabelecidas as prioridades de trabalho, que compunham o chamado Plano Escolar; era um documento que realmente refletia a discussão coletiva e orientava o trabalho da escola. Cabia ao coordenador acompanhar e articular as atividades propostas nesse plano, observando no dia a dia as necessidades de alunos e professores, que eram discutidas nas chamadas HTPs (horas de trabalho pedagógico, semanais); havia também reuniões ao final de cada bimestre, quando eram analisados os resultados da avaliação e as atividades realizadas e discutidos encaminhamentos para o ano seguinte. Outra atividade era providenciar e tornar disponível para os professores o material pedagógico, que ficava em um armário na sala de coordenação. Eu era responsável também pelo contato com os pais, organizando as reuniões periódicas ou atendendo-os quando eles procuravam ou eram chamados na escola, caso o problema fosse relativo ao aproveitamento do aluno ou à relação com os professores.

As reuniões entre as próprias coordenadoras também continuaram, por iniciativa nossa, numa espécie de "autoformação", então ocorrendo nas escolas. Discutíamos questões de interesse comum, como, por exemplo, a recuperação paralela, quando foi estabelecida pela Secretaria da Educação. Esses encontros acabaram por chamar a atenção de diretores e supervisores, que às vezes participavam, quando o assunto era de interesse deles. Além das atividades na escola, éramos frequentemente chamadas para colaborar com cursos ou reuniões promovidos pela Delegacia de Ensino. Hoje, numa análise retrospectiva, eu me dou conta de quanto foi importante esse grupo de apoio mútuo e trocas de experiências entre as coordenadoras. É interessante observar como os educadores acabam por encontrar alternativas não previstas pelo sistema de ensino, criando espaços e modos próprios para enfrentar os desafios cotidianos.

Então, quais foram suas maiores alegrias/realizações na coordenação? E seus piores momentos?

De fato, a coordenação foi para mim uma ótima experiência, não só do ponto de vista profissional mas também pessoal; fiz amigos que tenho até hoje, aprendi muito, a escola era realmente como uma família, tanto que quando houve concurso para diretor eu não quis prestar, porque estava feliz lá. A maior realização foi realmente sentir que eu estava contribuindo para melhorar a educação oferecida àquelas crianças e àqueles jovens, o trabalho daqueles professores.

Como você expressa hoje o que significou tal participação naquele momento de sua trajetória profissional?

Acho que a experiência de quase cinco anos na coordenação foi fundamental na minha trajetória profissional, que a partir daí se voltou cada vez mais para a formação de professores. Conviver de maneira tão próxima com os professores de ensino fundamental, partilhar com eles suas angústias e dificuldades, perceber seu empenho e seu esforço para ensinar, num trabalho difícil e frequentemente não reconhecido pelo sistema de ensino, tudo isto marcou muito a minha maneira de olhar o trabalho docente e se refletiu também na minha produção acadêmica, quando mais tarde fui fazer mestrado e doutorado. Do muito que aprendi na coordenação, o mais importante foi valorizar o trabalho do professor, entender que quando a escola se organiza como um espaço favorável à docência, como um coletivo onde os professores se sentem reconhecidos e apoiados, o ensino se torna melhor. Mais que as questões metodológicas ou as técnicas de ensino, é a construção desse "sujeito coletivo", empenhado num objetivo comum, que orienta e dá sentido às ações de professores e alunos no espaço escolar.

Depoimento de Inez de Oliveira e Souza

Quais foram suas maiores alegrias/realizações na coordenação? E seus piores momentos?

Maiores alegrias: o reconhecimento de alunos e ex-alunos que até hoje lembram-se de mim com carinho. O que marcou mais foi uma conversa que tive com um aluno da 8ª série do período noturno que, na segunda quinzena do mês de outubro, me procurou dizendo que ia abandonar a escola para não bater na professora de matemática. Conversei muito com ele e pedi um pouco mais de paciência, que o ano estava terminando e que se tomasse qualquer atitude extrema ele seria o maior prejudicado. Se ele repetisse a 8ª série ou se a abandonasse, seria mais difícil para ele voltar no ano seguinte e começar tudo de novo, principalmente porque a professora de matemática certamente seria a mesma. Após muita conversa, tanto com ele quanto com a professora, consegui uma trégua entre eles. Até hoje, quando encontro com esse aluno, ele me abraça e diz que graças a mim não fez algo que poderia prejudicá-lo e de que, com certeza, teria se arrependido depois.

Realizações: ter aprendido muito mais do que se tivesse ficado em sala de aula. Ter feito a diferença para alguém em algum momento. Ouvir professores dizerem que tinham aprendido muito trabalhando comigo e que tinham levado essa aprendizagem para outras escolas e outros colegas.

Piores momentos: não ter conseguido que alguns mudassem conceitos arraigados, que o trabalho realizado nem sempre tenha produzido os resultados esperados. O início de cada ano letivo, quando o corpo docente havia mudado e era necessário começar tudo de novo. Quanta frustração! Acostumei a erguer a cabeça e enfrentar o desafio de sempre recomeçar.

Como você expressa hoje o que significa a coordenação em sua trajetória profissional?

Uma grande mudança e um momento de intenso aprendizado e crescimento pessoal que eu não trocaria por nada, pois foi graças a ela que me tornei o que sou hoje: uma entusiasta em aprender e em multiplicar o que aprendo com novos professores.

2.2. O Ciclo Básico

O Ciclo Básico, instituído pelo Decreto n° 21.833/1983, foi um projeto de reformulação da escola de 1° e 2° graus visando a uma nova proposta de alfabetização. A Resolução SE n° 1.213/1983 e suas regulamentações apresentaram as orientações para o plano de trabalho nas escolas, para formação e atribuição de classes e para o trabalho pedagógico.

O depoimento a seguir é de Maria Lúcia Boáçalha Rodrigues, que atuou de 1986 a 1994 numa dupla função de coordenação: como coordenadora do Ciclo Básico de uma escola de 1° grau e como coordenadora do Núcleo Rural de outra escola, ambas no interior. Quando iniciou essas duas funções, era professor I efetiva, formada em pedagogia, com especialização em administração escolar e orientação educacional. Hoje está aposentada.

Depoimento de Maria Lúcia Boáçalha Rodrigues

Quais foram suas maiores alegrias/realizações na coordenação? E seus piores momentos?

O trabalho na coordenação passou por alguns momentos difíceis sim, devido à resistência de alguns professores, mas logo entraram de "cabeça" no projeto, formando o que se tenta até hoje nas escolas, um verdadeiro trabalho coletivo. Este foi um dos grandes marcos positivos do projeto, além dos resultados de qualidade obtidos principalmente no Ciclo Básico.

Como você expressa hoje o que significou tal participação naquele momento de sua trajetória profissional?

Hoje tenho a consciência da qualidade do trabalho que sempre procurei desenvolver, pois pude contar com excelentes colegas que contribuíram para o meu aperfeiçoamento, com uma troca de experiência que visava a um único objetivo: o aluno.

2.3. Projeto reestruturação técnico-administrativa e pedagógica do ensino de 1° e 2° graus da rede estadual, no período noturno — Projeto Noturno

O referido projeto foi executado por 152 escolas, nos anos de 1984 e 1985. Sua principal característica foi o fato de as próprias escolas terem elaborado suas propostas de melhoria, a partir de sua problemática específica, solicitando dos órgãos centrais da Secretaria de Educação o que consideravam necessário para viabilizá-la. De concreto, as escolas foram atendidas em seu pedido de um professor para coordenar o Projeto Noturno (eleito por seus pares) e de duas horas semanais remuneradas para reuniões. A Resolução SE nº 32/1984 facultou a cada escola escolher entre seus professores um para a função específica de acompanhar as atividades propostas pela escola, e a Resolução SE nº 54/1984 dispôs sobre as atribuições a esse profissional. Apesar do curto período de tempo de sua execução, o Projeto Noturno foi a medida de maior impacto até hoje tomada para melhoria do ensino noturno na rede estadual. Seguem dois depoimentos: de uma coordenadora que atuou numa escola que oferecia o 1º grau, na Grande São Paulo, e de outra que trabalhou numa escola de 2º grau, no interior.

Depoimento de Jacy Marcondes Duarte

Quais foram suas maiores alegrias/realizações na coordenação? E seus piores momentos?

Foi pouco tempo para que pudéssemos saber com certeza quais os ganhos efetivos junto aos alunos, pois quando as coisas começaram a se sedimentar o Projeto foi abandonado (apesar de que os professores tentaram manter os ganhos em suas aulas, mas foram perdendo a motivação e voltando ao *modus operandi* antigo). O Projeto Noturno concedia uma remuneração extra aos professores envolvidos; eu, como coordenadora, nada recebi a mais, mas fui afastada das aulas noturnas durante a vigência do Projeto. Havia pagamento extra a reuniões específicas do Projeto.

O ganho maior em nossa escola foi o crescimento do professor, que melhorou sua capacidade crítica, seu engajamento e sua atuação. As aulas ficaram consequentemente melhores, e não foi pela introdução de novas tecnologias ou por "reciclagem" dos professores: foi pela assunção da responsabilidade e pela vontade de cada um (se um achava um texto interessante, ou uma ideia para uma aula, repassava para os demais, por intermédio geralmente da coordenação, ou em reuniões, mas não havia imposição). Como coordenadora, isso me deixou muito feliz, pois me sentia fazendo a minha parte: coordenando, e não mandando ou exigindo (não acredito em ações positivas em educação que não consigam o engajamento efetivo do professor). Foi um momento de cooperação e trabalho conjunto, muito gratificante para todos os envolvidos.

O pior momento foi justamente quando veio a desativação do projeto, que durou dois anos, pois considerávamos que tínhamos melhorado o ensino noturno em nossa escola e pretendíamos justamente buscar novas formas de melhorar.

Como você expressa hoje o que significou tal participação naquele momento de sua trajetória profissional?

Foi uma experiência positiva, mas ficou a sensação de trabalho abortado precocemente.

Depoimento de Egle Primetta Armani

Quais foram suas maiores alegrias/realizações na coordenação? E seus piores momentos?

As alegrias foram muitas, representadas por cada realização, cada evento, cada agradecimento. Os momentos mais difíceis foram as arestas com alguns professores que não se adequavam ao novo trabalho. Mas na maioria das vezes uma sensata argumentação vencia.

Como você expressa hoje o que significou tal participação naquele momento de sua trajetória profissional?

A coordenação é imprescindível para a realização de qualquer trabalho, em qualquer curso, principalmente noturno, por contar com clientela diferenciada. São alunos batalhadores, que trabalham o dia todo e à noite; embora cansados, estão ávidos por aprender. Por isso, o coordenador tem de conhecer a clientela e ajudar os professores e a direção nisso. Deve ser o mediador entre a escola e o aluno, visando ao sucesso do aprendizado, ao sucesso da educação. Participar de um trabalho tão importante foi gratificante para mim: lecionando por mais de vinte anos no curso noturno, conhecendo a maioria de seus pontos positivos e negativos, a coordenação foi uma oportunidade ímpar para auxiliar essa clientela que eu conhecia, amava e admirava. Se pudesse, teria continuado esse trabalho após a aposentadoria!

2.4. Projeto CEFAM — Centro Específico de Formação e Aperfeiçoamento do Magistério

O CEFAM foi um projeto delineado pela Coordenadoria do Ensino regular de 2° grau do Ministério da Educação, com a finalidade de apoiar pedagógica e financeiramente as unidades de federação que manifestassem interesse em desenvolver ações na área do magistério. São Paulo aceitou a proposta e, em janeiro de 1988, pelo Decreto n° 28.089 criou seus CEFAMs. Foram criados dezoito CEFAMs, em cada Diretoria Regional de Ensino, com a finalidade de dar prioridade efetiva à formação de professores de pré-escola até a 4ª série do 1° grau e de aprimorar a formação dos professores que atuavam na habilitação específica de 2° grau para o magistério e nas classes da pré-escola até a 4ª série da 1° grau.

Maria das Mercês Ferreira Sampaio exerceu a coordenação pedagógica de 1988 a 1990 em um dos CEFAMs da Capital, no Itaim, que iniciou suas atividades nas dependências da Divisão Regional de Ensino da Capital 3 (DRECAP 3) e foi depois transferido para duas diferentes escolas, antes de ocupar prédio próprio. Na época, havia concluído mestrado na PUC-SP (cursara pedagogia na USP, na década de 1960). Havia atuado na função de coordenadora por mais de dez anos na rede privada de uma das "escolas renovadas" que desenvolvia metodologia de ensino específica, bem como participado da elaboração do Projeto CEFAM na Coordenadoria de Estudos e Normas Pedagógicas (CENP).

Depoimento de Maria das Mercês Ferreira Sampaio

Quais foram suas maiores alegrias/realizações na coordenação? E seus piores momentos?

Primeiro, uma explicação: a coordenação pedagógica atuava no acompanhamento de todas as atividades docentes. No CEFAM havia uma organização diferente das outras escolas, especialmente porque os professores tinham incluídas em sua jornada docente horas de trabalho pedagógico (HTP), suficientes para estudar, planejar e rever o trabalho, reorientar os rumos, atender aos alunos e suas famílias. O trabalho coletivo se consolidava nessas HTP, em torno das necessidades de formação dos futuros professores, buscando atendê-los em sua situação real de aprendizagem, propondo a superação de dificuldades e novos patamares de aproveitamento, com vistas a uma formação de excelência.

Os novos alunos eram selecionados por seu interesse pela profissão e também por sua necessidade de auxílio financeiro para estudar. Recebiam mensalmente uma bolsa de estudos no valor de um salário mínimo e assumiam o compromisso de frequência à escola em período integral e de total dedicação aos estudos. Muitos traziam históricos escolares bastante desfavoráveis. Suas lacunas e dificuldades eram assumidas como questões pedagógicas do CEFAM e, como questões nossas, eram enfrentadas e encaminhadas para solução.

O cotidiano era desafiante, alimentava o entusiasmo e dava muito trabalho: rever currículo, recriar formas de trabalho em sala de aula, criar nos alunos hábitos de estudo e de utilizar todo o tempo na escola para estudo e formação, até mesmo nos momentos de faltas dos professores, instalar a gestão democrática e a efetiva participação de todos, enfim, constituir coletivamente um projeto singular de formação de educadores.

Foram muitas as alegrias. Houve dificuldades, também, principalmente ligadas a dificuldades para achar os professores "certos" para o trabalho — com formação, experiência, disciplina, entusiasmo, dedicação. Mas não lembro de momentos que poderiam ser chamados de "piores" ou que tenham sido muito ruins...

Lembro do trabalho contínuo, intenso, mas acompanhado de pequenas conquistas e alegrias, especialmente dos alunos, que se descobriam criadores de uma boa escola e sujeitos, pois estavam forjando e decidindo seus rumos profissionais.
A maior alegria que vivi na coordenação foi o processo de elaboração do projeto pedagógico e do plano escolar daquele centro. Por alguns meses discutimos e rascunhamos juntos as nossas posições, decisões, necessidades e os sonhos daquele grupo. A escrita do documento foi uma tarefa da coordenação, um compromisso de tradução e organização de tudo isso — o grupo recebia os textos, discutia, complementava. Foi, de fato, muito emocionante.
Também o trabalho com os pais foi emocionante demais. Eles eram muitos e estiveram conosco sempre, desde a formulação de planos até o momento de levar em frente as ações combinadas. Foram decisivas as horas passadas com eles em reuniões, em arrumação da escola, em movimentos de reivindicação.
Todos nós nos educávamos enquanto cuidávamos daqueles jovens, da qualidade de seu curso, das escolas em que estagiavam, do nosso próprio aperfeiçoamento.
Depois da coordenação, a grande alegria foi conhecer a atuação profissional ou a continuidade de estudos de muitos dos nossos alunos.
Mas depois também veio o momento triste. Eu não estava mais lá quando mudanças internas e na política educacional implicaram a decadência e o desmanche de todo aquele processo pedagógico, daquele trabalho de formação.

Como você expressa hoje o que significou tal participação naquele momento de sua trajetória profissional?

Eu já estava perto do final de minha trajetória no ensino público e nessa participação pude viver um ponto alto desse percurso. Sei que por um tempo curto pude amparar o trabalho pedagógico de um grupo muito especial de professores e alunos, num projeto raro, que me fez crescer e sentir a felicidade do ofício.
Valeu-me a formação acadêmica, mas decerto a experiência que eu trazia da atuação no ensino fundamental foi decisiva. Dessa

primeira atuação ficou-me a certeza de que na coordenação era preciso estudar sempre e compreender o currículo e o trabalho da escola para ajudar os professores. Eu já entendia, ao chegar ao CEFAM, que visão geral de currículo não se confunde com conhecimento superficial, que uma sólida compreensão de currículo não faz desaparecer perguntas, dúvidas e inquietações, que se pode dividir com os professores em busca de novos acertos. Isso significou aprender que só se pode hesitar e dizer "não sei" quando o grupo já se convenceu daquilo que se sabe, quando o grupo já confia no que se tem para contribuir.

O trabalho do CEFAM acrescentou-me experiência, mas sobretudo aumentou meu repertório de perguntas, especialmente em torno do currículo. Percebi a cada dia que precisava de reflexão profunda, de muito estudo e pesquisa para compreender a educação e continuar tentando contribuir com ela.

Por tudo isso, do CEFAM embarquei para o doutorado na PUC-SP, buscando aprofundar a compreensão do currículo em ação, acontecendo na escola, entre professores e alunos.

2.5. Escola-Padrão

O Decreto nº 34.035, de 22 de outubro de 1991, instituiu o Projeto Educacional das Escolas-Padrão, baseado em três grandes eixos: autonomia, organização, capacitação. A implantação da Escola-Padrão foi iniciada no final de 1991 e início de 1992, inicialmente em 306 escolas. Em 1993 foram implantadas mais 1.052 e em 1994, 256 na primeira fase e 610 na segunda fase. Chegaram a um número de 2.224 em 1994 (de 6.345 escolas).

Francisco Carlos Franco trabalhou na coordenação de Escola-Padrão de 1993 a 1994. À época de sua designação era professor efetivo de educação artística, com licenciatura plena em educação artística e especialização *lato sensu* em ensino superior. Posteriormente, quando foi expandida a coordenação pedagógica para todas as escolas da rede pública estadual, em 1996, candidatou-se à nova designação e permaneceu coordenador de 1996 a 1998.

Depoimento de Francisco Carlos Franco

Quais foram suas maiores alegrias/realizações na coordenação? E seus piores momentos?

Na coordenação tive muitos momentos de alegria e de realização profissional e, sem exagero, posso afirmar que a atuação como coordenador pedagógico foi, na rede estadual de ensino, a função que mais me deu prazer de atuar. Também tive momentos difíceis, que qualquer profissional tem, mas que foram superados, o que não deixou de ser também de grande aprendizado. Eu me lembro com muito carinho da equipe de professores com que atuei na escola que não era padrão. Era uma equipe de docentes muito especial, pois conseguíamos articular ações e desenvolver vários projetos, alguns com ótimos resultados. Em 1995, tínhamos um projeto que desenvolvia ações em conjunto com a comunidade local nos fins de semana. Ainda não existia o Projeto Escola da Família, mas os alunos e a comunidade local já utilizavam o espaço da escola para realizar cursos, as quadras para organizar jogos e campeonatos, reuniões da associação de moradores, entre outras atividades. A diferença era que a comunidade é que organizava as ações, o que foi estabelecendo uma relação de confiança entre a escola e os pais e alunos. Na formação dos professores também tive bons momentos, mas um fato me marcou. É que eu ficava muito no período da manhã, pois o número de salas era maior e também o de alunos (7ª e 8ª séries e ensino médio), o que exigia um acompanhamento mais efetivo. No período da tarde, no qual estudavam os alunos da 5ª e da 6ª séries, além de haver um número menor de salas, a demanda não era tão intensa. Procurava ficar até as dezesseis horas, mas mesmo assim não me encontrava com muita frequência com alguns professores que trabalhavam nas aulas no final da tarde e no período noturno. Procurei não me afastar muito deles, e sempre deixava algum recado no quadro de avisos na sala dos professores, desejando um bom trabalho e com alguma frase de algum teórico (Paulo Freire, Nóvoa etc.) que correspondesse às reflexões e aos dilemas que estávamos enfrentando na ocasião.

Após alguns meses, numa reunião de HTP, uma professora quis lembrar de uma frase que tinha lido no quadro e, não conseguindo recordar, foi até a sala dos professores, pegou um caderno e achou a frase que desejava. Percebi que o caderno tinha várias frases que eu deixava no quadro de avisos.

Perguntei se ela copiava as frases e ela me disse que as frases a ajudavam a refletir e que gostava tanto delas que as copiava, colocando a data em que tinham sido escritas.

Na avaliação de final do ano, essa professora destacou a importância que esse procedimento teve para seu trabalho, o que me levou a perceber que a formação contínua em serviço transcende o espaço das reuniões pedagógicas, o que mudou de maneira significativa o meu papel de formador e do espaço em que ele se efetivava. Para minha formação pessoal, essa vivência reorientou minha concepção de coordenação pedagógica. Passei a valorizar todos os instantes em que estava com os professores e com os alunos, desde os momentos do cafezinho na sala dos professores até a conversa desinteressada com os alunos. Percebi que a coordenação pedagógica tinha que estar na sala de aula, nos corredores, enfim, tinha que conviver com todos os espaços da escola.

Estes foram alguns momentos em que tive um grande prazer em atuar como coordenador pedagógico. Já entre os piores momentos, acredito ter sido um numa reunião entre pais, professores, coordenação pedagógica e direção, realizada na Escola-Padrão, que me levou a me afastar do cargo e voltar para a sala de aula. Depois disso, eu me candidatei à coordenação em duas escolas que estavam com o cargo vago e voltei a ser coordenador.

Como você expressa hoje o que significou tal participação naquele momento de sua trajetória profissional?

Sem medo de errar, ou de estar dando uma dimensão além do que realmente representou, posso afirmar que a experiência como coordenador pedagógico na rede estadual influenciou a minha trajetória profissional, sendo ainda hoje referência para muitas atuações que desenvolvi após esse período. A experiência na coordenação foi determinante para que tivesse segurança para os novos desafios que vieram posteriormente. Sem nenhum exagero, posso afirmar que o período em que atuei na coordenação na rede pública paulista foi aquele em que mais cresci, tanto pessoal como profissionalmente.

3. Coordenação para todas as escolas da rede estadual de ensino

O depoimento de Francisco aponta a transição da coordenação pedagógica prevista em projetos especiais (atendendo a um número restrito de escolas) para a coordenação em todas as escolas da rede estadual.

3.1. Coordenação por períodos

A Resolução SE nº 28/1996 expandiu a coordenação para todas as escolas, e a Resolução SE nº 76/1997 estabeleceu as atribuições para o professor-coordenador, a principal delas atuar "no processo de articulação e mobilização escolar na construção do projeto pedagógico da unidade escolar". A expansão se deu em termos de "postos de trabalho", um por escola; naquelas que oferecessem no mínimo dez classes no período noturno, dois coordenadores, um para o diurno, outro para o noturno.

Vale lembrar que os vários estatutos do magistério (leis complementares de 1974, 1978 e 1985) previam a figura do coordenador pedagógico como cargo, e a do professor coordenador como função (ou posto de trabalho). A coordenação expandida para toda a rede foi como professor-coordenador, portanto como função e não como cargo, embora houvesse um processo de seleção, feito pelas Diretorias de Ensino com a aprovação do Conselho de Escola para o projeto apresentado pelo aspirante à função, que deveria ter mais de três anos de experiência no magistério.

Marcelo de Abreu Cesar exerceu as atividades de coordenação de 2001 a 2006. Tinha na época licenciatura plena em química e pedagogia, e embora tivesse mais de três anos de experiência no magistério não era efetivo, mas OFA (ocupante de função-atividade).

Em 2006 ingressou como professor efetivo de química e voltou para a sala de aula. Em 2008 participou da seleção, feita pelos órgãos centrais, para a "coordenação por segmento" (explicitada no próximo tópico), e foi designado professor-coordenador do ensino fundamental II. Afastou-se da coordenação em 2009.

Depoimento de Marcelo de Abreu César

Quais foram suas maiores alegrias/realizações na coordenação? E seus piores momentos?

Nem a Diretoria de Ensino, nem mesmo a direção da escola acompanhavam o trabalho pedagógico desenvolvido. O trabalho que ambos desempenhavam era só de cobrança de papéis ou documentos. Exemplo: Já entregou o plano de reforço na Diretoria de Ensino? Posso saber por que as classes estão com desempenho insatisfatório elevado? Era difícil ouvir o seguinte questionamento: O que você como coordenador está desenvolvendo com os professores para sanar ou reduzir o desempenho insatisfatório dos alunos nas aulas? Já entre os professores, creio eu que a indisciplina dos alunos era o ícone das reclamações, e por conta disso muitos deles acabavam se indispondo com os alunos, o que resultava em dissabores, bate-bocas, falta de respeito e muitas punições. As HTPCs (horas de trabalho pedagógico coletivo), uma reunião que envolvia quase todos os professores da escola, seriam um momento que o professor teria para aprimorar sua prática e ampliar seus conhecimentos pedagógicos, mas isso de fato não acontecia. Sempre preparava as HTPCs com pauta, assuntos pertinentes ao cotidiano do professor e com algumas dinâmicas de trabalho que levassem o professor a uma reflexão para que pudesse sair da mesmice, mas isso era um desafio constante no meu trabalho. Apresentava situações do dia a dia para que pudéssemos pensar como fazer das nossas aulas momentos de ensino-aprendizagem produtivos. Mas muitas vezes o professor queria discutir somente as ações do aluno, tais como: o aluno

não fez a lição, o aluno conversa muito, o aluno não copia a lição que eu dou, além disso ele não estuda, não participa das aulas, não assimila o conteúdo e por aí vai...
Minha maior alegria foi perceber que algo estava acontecendo comigo, ficava muito inquieto diante de algumas situações e acabava por me questionar constantemente sobre o que eu desempenhava na escola. Achava que o problema não era a tão famosa indisciplina, mas talvez o ensino ministrado nas salas de aula. Então, depois de quatro anos de trabalho como coordenador, resolvi observar a sala de aula. Fiz um cronograma e cumpri à risca todas as séries relacionadas no cronograma. Na sala de aula como observador fui fazendo registros, anotações de todos os eventos acontecidos na relação pedagógica professor–aluno. Quando eu parti para a sala de aula (combinação entre mim e o professor da sala) descobri que o problema muitas vezes partia do professor, o planejamento não estava sendo exercido seriamente, o professor muitas vezes acabava tendo um comportamento inadequado com os alunos que acabava por gerar situações de conflito. Então resolvi realizar uma investigação sobre como as ações dos professores em sala de aula poderiam interferir produtivamente na aprendizagem dos alunos. Convidei quatro professoras de 5ª a 8ª séries, as séries mais problemáticas na visão das professoras em indisciplina, para que trabalhássemos com uma proposta de planejamento das ações docentes: desde o plano de ensino até a gestão da sala de aula. Todas as atividades foram registradas em vídeo, do qual se originou um projeto de formação de professores centrado nos conteúdos de leitura e escrita, que batizamos de "Letras em ação".
Um dos piores momentos foi a falta de apoio do órgão educacional referente ao trabalho realizado.
Ao retornar à coordenação, em 2008, montei um programa de capacitação para os professores a partir do "Letras em ação". Foi um bom momento, quando em 2009 iniciei, nas HTPCs, esse projeto, com a aprovação do Conselho de Escola. Mas não senti interesse da Diretoria de Ensino, que tinha outras prioridades.

Como você expressa hoje o que significou tal participação naquele momento de sua trajetória profissional?

Foi uma experiência riquíssima, tanto no que diz respeito à aquisição de conhecimentos pedagógicos quanto ao funcionamento e ao acompanhamento de questões relacionadas aos órgãos centrais de educação. O trabalho realizado com os professores me proporcionou clareza, estratégias e articulação para tratar questões relacionadas à prática pedagógica que envolvem o ensino nas mais variadas formas.

3.2. Coordenação por segmentos

Desde 19 de dezembro de 2007 vigora a Resolução SE n° 88, que estabeleceu novas normas de credenciamento para a função de professor coordenador a partir de 2008. Trata-se da coordenação por segmentos: um professor coordenador para o segmento de 1ª a 4ª séries do ensino fundamental; um para o segmento de 5ª a 8ª séries do ensino fundamental e um para o ensino médio. Estabeleceu também uma gratificação para a função. Esse profissional deve ter mais de três anos de experiência como docente na rede estadual de ensino, preferencialmente nas séries do segmento no qual pretende atuar.

Para a formação e o acompanhamento do trabalho dos professores coordenadores foram designados, nas Diretorias de Ensino, os PCOP, professores coordenadores da oficina pedagógica.

4. Nas memórias, propostas geradoras de futuro

> O passado reconstruído não é um refúgio, mas uma fonte, um manancial de razões para lutar.
> A memória deixa de ter um caráter de restauração e passa a ser memória geradora do futuro.
>
> Ecléa Bosi

Os relatos dos coordenadores pedagógicos aqui registrados, ainda que parcialmente, possibilitam a recuperação de experiências bem-sucedidas da educação brasileira nos anos de 1960, como a implantação de projetos especiais em parte das escolas da rede estadual paulista na segunda metade da década de 1970 à primeira metade da década de 1990 e a expansão da coordenação para toda a rede estadual de ensino.

As experiências dos anos de 1960 — Colégio de Aplicação da USP, Ginásios Vocacionais de São Paulo e Experimental da Lapa — foram projetos pedagógicos de qualidade inquestionável, baseados nos princípios de justiça, solidariedade e participação coletiva. Essas instituições foram centros de excelência e se apresentaram como laboratórios para estudo, implantação e testagem de metodologias renovadas, curriculares e de gestão.

No caso dos projetos especiais, sem entrar no mérito de uma possível análise sociológica de que um certo número de escolas foi privilegiado, recebendo condições especiais, em detrimento de outras que não receberam as mesmas condições, o certo é que aquelas que receberam condições especiais — materiais e humanas — para o trabalho dos professores coordenadores e dos professores puderam realizar uma educação de qualidade. Quando se deu a expansão da coordenação para todas as escolas da rede pública, em 1996, sem iguais condições às dos projetos especiais, a qualidade não foi a mesma, ainda que com a persistência e o envolvimento dos coordenadores. A falta de acompanhamento, ou de um acompanhamento adequado dos órgãos centrais, a ausência de profissionais que atendessem às necessidades das escolas, a busca solitária por medidas que promovessem a qualidade de ensino dificultaram o trabalho dos coordenadores.

É possível, no entanto, de todos os relatos neste texto registrados, extrair propostas geradoras de futuro, pois elas nos permitem uma incursão pelo mundo dos possíveis.

As alegrias relatadas pelos coordenadores referem-se a realizações conseguidas pela viabilização de propostas coletivas, que incluíam a equipe gestora da escola, professores e dirigentes de órgãos exteriores à escola. Vale a pena apontá-las, lembrando que algumas já foram incorporadas às políticas educacionais vigentes.

- Quanto às experiências educacionais dos anos de 1960, as alegrias foram decorrentes de: pagamento de horas para atividades extraclasse, tais como estudos do meio; aulas de recuperação, por nível de dificuldade, formando grupos com integrantes de várias classes; respeito às diferenças individuais, concedendo aos alunos mais lentos tempo necessário para realizar tarefas em classe, inclusive provas; introdução e orientação em grupo como atividade semanal para discussão de assuntos comportamentais de interesse dos alunos; introdução de projetos de orientação sexual; formação em serviço para professores; parceria direção—coordenação; autoavaliação, da qual decorria a autorregulação do trabalho, independente da avaliação externa; planejamento anual, operacionalizado para execução ao longo do ano e acompanhamento criterioso das atividades.

Dos três coordenadores entrevistados, dois afirmam que a experiência vivida na coordenação foi a mais significativa de sua trajetória profissional; a terceira se refere a uma experiência preciosa, um privilégio. Os três falam de quanto aprenderam na troca com os colegas, com os pais, com os alunos, e do respeito e do apoio que recebiam dos profissionais com os quais trabalhavam. Todos falam do orgulho pelo trabalho realizado, que resultou em sucessos pessoais, dos professores e dos alunos.

- Quanto aos projetos especiais, as alegrias foram decorrentes de: constituição da identidade profissional do coordenador no processo de busca de uma modalidade de coordenação; assunção da responsabilidade e vontade de cada professor no processo; trabalho em conjunto e não isolado; oportunidade de desenvolvimento de professores e alunos; cotidiano desafiante, que alimentava o entusiasmo; revisão do currículo; recriação de formas de trabalho em sala de aula; criação de hábitos de estudo; utilização de todo o tempo na escola para estudo e formação; utilização do espaço da escola para realizar ações organizadas pela comunidade; organização cuidadosa das reuniões de HTPC; percepção de que a coordenação pedagógica, na função formadora, se fazia em todos os espaços da escola — na sala de aula, nos corredores, na conversa com alunos e professores — e não só nos momentos de discussão sistematizada.

Também ao falar de seu trabalho nos projetos especiais todos os coordenadores referem-se a uma experiência significativa em sua trajetória profissional, que possibilitou o vislumbre da possibilidade de novos caminhos e realizações.

- Quando a coordenação foi expandida para toda a rede de ensino, em 1996 — o que foi um ganho, sem dúvida —, com um coordenador para atender à escola toda (algumas oferecendo ensino fundamental, ensino médio, educação de jovens e adultos, educação especial), as dificuldades enfrentadas pelos coordenadores foram grandes. A multiplicidade de tarefas — atendimento a pais, professores, alunos e pessoas que procuravam informação —, o tempo escasso para dar conta de tantas atribuições deixavam o coordenador "perdido"; alguns percebiam-se como "cego perdido no meio do tiroteio", "apagador de incêndio", "coringa" (ALMEIDA 2008). No entanto, o registro de memórias de Marcelo de Abreu César permite falar da possibilidade que encontrou: "um jeito de coordenação" que atendesse às suas necessidades de realização e às de seus professores. Esse "jeito" partiu de uma inquietação pessoal quanto ao seu desempenho como coordenador. Ao se dispor a observar as salas de aula (em acordo com os professores), fazendo registros das relações professor–aluno, partiu para uma investigação colaborativa com quatro professores das séries consideradas pelos professores as mais problemáticas em disciplina. As observações foram registradas em vídeo, e a partir delas elaborou-se um projeto de formação de professores centrado nos conteúdos de leitura e escrita.

Cabe ainda enfatizar algumas constatações: os coordenadores entrevistados são unânimes em falar de realizações grandes e pequenas — que lhes provocaram alegrias; em acentuar quanto o trabalho de coordenação foi significativo em sua trajetória profissional, quanto foi significativo o apoio de colegas, dos pais e do sistema de ensino, e quanto foi necessário estudar, pesquisar, como afirmaram Julieta Ribeiro Leite — "... e lá, e aqui, devorei toda a literatura educacional disponível na época" — e Maria das Mercês Ferreira Sampaio — "... ficou-me a certeza de que na coordenação era preciso estudar sempre e compreender o currículo e o trabalho da escola para ajudar os professores".

Quanto aos piores momentos, relatados por alguns, referem-se a quebras nas relações interpessoais. Por entendermos que as relações interpessoais e as pedagógicas estão imbricadas umas nas outras, quebras nas relações interpessoais provocam brechas nas relações pedagógicas: "o pior momento que vivi foi um momento de desagregação do grupo, em que me senti muito sozinha... porque ninguém aceitava proposta nenhuma, tudo que fizesse, ninguém aceitava nada" (Vera Maria Nigro de Souza Placco); "... arestas com alguns professores que não se adequavam ao novo trabalho" (Egle Primetta Armani); "... desacertos numa reunião com pais, professores, coordenação e direção" (Francisco Carlos Franco). Estas falas são de coordenadores trabalhando em condições especiais, porém a de Inez de Oliveira e Souza, coordenadora de escola comum da rede de ensino, é igualmente expressiva, referindo-se à alta rotatividade dos professores, o que dificulta o estreitamento das relações interpessoais e da coesão do grupo em torno dos objetivos propostos: "Quanta frustração! Acostumei a erguer a cabeça e enfrentar o desafio de sempre recomeçar".

As falas revelam a importância dos saberes das relações interpessoais para a formação dos coordenadores pedagógicos — a questão das relações interpessoais posta como uma prática intencional, com fundamentos e objetivos claramente definidos. Saberes que levam o coordenador a compreender que os processos de relações interpessoais são complexos e sutis e a não dar as costas aos conflitos — que são condição de existência humana —, mas valorizá-los e enfrentá-los adequadamente, como fez Vera Maria Nigro de Souza Placco: "... mas foi ótimo eu ter decidido voltar, porque tive a oportunidade de que tudo fosse esclarecido, e aí... o ano correu tranquilo".

5. Em busca de uma finalização

O panorama que apresentei resultou de pesquisa documental em textos legais e em registros de experiências pioneiras e de projetos educacionais, bem como dos depoimentos de profissionais que praticaram a coordenação pedagógica. Assim procedi porque entendo, como Ecléa Bosi (2003), que a história se liga apenas às continuidades temporais, às relações entre as coisas, enquanto a memória tem suas raízes no concreto, no espaço, nos gestos e nas imagens.

Por que propus a mim mesma o objetivo de mostrar a trajetória da coordenação pedagógica na rede de ensino estadual de São Paulo? Por acreditar, sem desmerecer os demais profissionais de educação, na importância da atuação do coordenador pedagógico para uma escola pública de qualidade.

Acredito que compete ao professor-coordenador, como coordenador pedagógico, as funções de articulador, formador e transformador:

- como articulador, seu principal papel é oferecer condições para que os professores trabalhem coletivamente as propostas curriculares, em função de sua realidade, o que não é fácil, mas possível;
- como formador, compete-lhe oferecer condições ao professor para que se aprofunde em sua área específica e trabalhe bem com ela;
- como transformador, cabe-lhe o compromisso com o questionamento, ou seja, ajudar o professor a ser reflexivo e crítico em sua prática (ALMEIDA, PLACCO 2009, p. 39).

Nessa perspectiva, algumas constatações podem ainda ser registradas, inspiradas nos depoimentos dos coordenadores:

- no trabalho de coordenação é fundamental que se dê espaço para o grupo compartilhar experiências, sucessos e medos;
- é importante levar em conta o saber da experiência, mas lembrando que esse saber decorre não apenas de se ter

passado por ela, mas da reflexão sobre, num movimento de retomar a experiência, refletir sobre ela e tomar uma posição a favor ou contra a própria experiência na continuidade do trabalho — entra aí o papel das teorias;
- o que dá origem à mudança de representações e modos de gestão da escola e da sala de aula é o desconforto com algo acontecido, que está acontecendo ou é esperado; por isso, um dos recursos do coordenador pode ser provocar situações de confronto que levem o professor a sair de sua zona de conforto, o que pode ser feito, por exemplo, com uma proposta de pesquisa sobre a própria prática (sair da zona de conforto vale também para o coordenador).

Uma última constatação, que pode sinalizar caminhos mais promissores: o que é recorrente em todos os relatos é que as alegrias e as realizações na coordenação foram consequência de os coordenadores sentirem que participavam de um projeto que não lhes era imposto, mas que era uma escolha, em consonância com sua visão de aluno, de escola e de sociedade.

Como este texto refere-se a memórias, não foi solicitado o relato dos que vivem a coordenação por segmentos. Oxalá seus relatos, quando lhes for solicitado, estejam afinados com os aqui registrados e apontem também para alegrias e realizações.

Referências bibliográficas

ALMEIDA, Laurinda R. de. Um dia na vida de um coordenador pedagógico de escola pública. In: PLACCO, V. M. N. S., ALMEIDA, L. R. de (org.). *O coordenador pedagógico e o cotidiano da escola*. São Paulo, Loyola, [5]2008.

_____, PLACCO, V. M. N. S. O papel do coordenador pedagógico. *Revista Educação*, ano 12, n. 142 (fev. 2009).

BOSI, Ecléa. *O tempo vivo da memória*: ensaios de psicologia social. São Paulo, Ateliê Editorial, 2003.

ROVAI, Esméria (org.). *Ensino vocacional*: uma pedagogia atual. São Paulo, Cortez, 2005.

SANTOS, Milton. *A natureza do espaço*. Técnica e tempo. Razão e emoção. São Paulo, Hucitec, 1997.

2

Diferentes aprendizagens do coordenador pedagógico

Vera Maria Nigro de Souza Placco[1]
veraplacco@pucsp.br
Vera Lucia Trevisan de Souza[2]
vera.trevisan@uol.com.br

Introdução

Um tema recorrente nos trabalhos sobre formação de professores tem sido o dos saberes e aprendizagens necessários à sua ação pedagógica, nos âmbitos teórico e prático. Sabe-se, por exemplo, que esses saberes são de natureza e fontes diversas, que abrangem desde a experiência de vida do sujeito até os conhecimentos teóricos e técnicos próprios da profissão (TARDIF, LESSARD, LAHAYE 1991).

---

1. Coordenadora e professora doutora do Programa de Estudos Pós-Graduados em Educação: Psicologia da Educação, da PUC-SP.
2. Professora doutora do Programa de Pós-Graduação em Psicologia da PUCCAMP – Campinas, SP.

Contudo, pouco se tem falado sobre os saberes necessários à atuação do coordenador pedagógico, figura imprescindível na implementação e no desenvolvimento do projeto pedagógico da escola. Ainda que consideremos que muitos dos saberes e aprendizagens dos professores também se constituem como fundamentais no desenvolvimento da prática do coordenador, nos perguntamos sobre a especificidade desta ação pedagógica: Há saberes específicos a ser mobilizados por este profissional? Quais são? De que natureza? Qual sua fonte? É possível pensar em saberes hierarquicamente mais importantes? Que aprendizagens são necessárias à sua apropriação?

Em nossa experiência na escola, observando ou intervindo em processos de formação de professores e coordenadores, observamos que este profissional tem apresentado dificuldades para desenvolver ações que favoreçam as interações na escola, nos mais diversos grupos que a habitam: entre professores e com os professores, entre professores e direção, entre professores e sistema de ensino, entre professores e pais, entre professores e alunos, e mesmo entre os professores e o conhecimento de novas teorias e práticas pedagógicas.

O que se observa é um profissional que não consegue encontrar espaço de atuação, nos âmbitos físico e material (tempo, local, material, acesso a todos os professores etc.) ou como disponibilidade interna e motivação (predisposição, competência, confiança, desejo etc.) para desenvolver a ação de coordenar, que, como o próprio nome diz, implica articular vários pontos de vista ou atividades em direção a um objetivo comum, que, neste caso, equivale a práticas mais efetivas e melhor qualidade do ensino e da aprendizagem.

Essas constatações remetem à hipótese de que a impossibilidade de o coordenador fazer a mediação dos diversos processos que se encadeiam na escola constitui-se como mais um elemento dificultador da implementação de relações e práticas de melhor qualidade, podendo ser também uma das causas da aparente falta de avanço dos processos de ensino e aprendizagem. Ou seja, falta mediação nas escolas.

Assim, a proposta deste texto é refletir sobre esta hipótese, tecendo considerações sobre o coordenador como mediador e as aprendizagens necessárias à apropriação dos saberes que lhe possibilitam assumir-se como tal. Toma-se, então, como ponto de partida que o coordenador pedagógico é um profissional que, assim como o professor, precisa se dedicar à sua formação, assumindo-se como profissional que busca, permanentemente, superar os desafios de sua prática.

A ideia de mediação

O termo mediação passou a circular nas escolas com o advento do construtivismo, nos anos de 1980, quando, ao se negar o ensino que na época se denominou autoritário, em que o professor era a figura mais importante do processo e que detinha o saber (SAVIANI 2009), se começou a questionar qual seria então o papel do professor. Dessas análises e reflexões chegou-se à concepção de professor como mediador. Ouvimos de professores, muitas e repetidas vezes, em conversas e palestras, quando perguntados se ensinavam, a seguinte resposta: "Não, o professor faz a mediação entre o aluno e o conhecimento". A apropriação desse discurso constituiu-se como uma saída para os professores, que, como não estavam mais no centro da relação ensino–aprendizagem, conforme se interpretou na época, não sabiam onde estavam, ou qual seu papel, e a ideia de mediação então passou a circular com tal força que o conceito de mediação assumiu as feições do senso comum: mediar é estar entre, fisicamente falando, e assim não se soube ou não se sabe o que significa, de fato, fazer a mediação, ou como se faz, ou, ainda, como se constituir um professor-coordenador mediador. Logo, é possível dizer que não houve e ainda não há mediação da própria ideia de mediação nas escolas.

Segundo Vygotsky (1996), psicólogo russo precursor da psicologia histórico-cultural e que nos oferece bases científicas para compreender o conceito em questão, mediação é o processo que caracteriza a relação do homem com o mundo e com outros homens, podendo ser representada pelo esquema:

INSTRUMENTO (I)

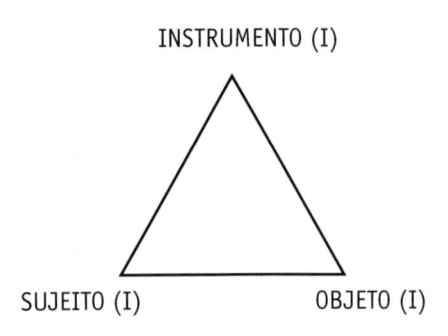

SUJEITO (I)   OBJETO (I)

Para este autor, a mediação é central no processo de desenvolvimento do sujeito, visto ser por meio dela que as funções psicológicas elementares (que dizem respeito ao que é biológico) se transformam em funções psicológicas superiores, que se relacionam com ações intencionais, como: planejamento, memória voluntária, imaginação, consciência, pensamento etc., ou seja, funções tipicamente humanas, que só se desenvolvem pela mediação da cultura.
Segundo Vygotsky (1998, p. 73),

> [...] O uso de meios artificiais — a transição para a atividade mediada — muda, fundamentalmente, todas as operações psicológicas, assim como o uso de instrumentos amplia de forma ilimitada a gama de atividades em cujo interior as novas funções psicológicas podem operar. Nesse contexto, podemos usar o termo função psicológica *superior*, ou *comportamento superior*, com referência à combinação entre o instrumento e o signo na atividade psicológica.

A mediação assim entendida, como *processo que promove o acesso à produção da cultura*, cuja apropriação transforma o modo de funcionamento do psiquismo humano, é, necessariamente, realizada pelo Outro, representado, por sua vez, pelas pessoas de nossas relações. Nesse sentido, é possível pensar a mediação como intervenção, visto promover a transformação de dadas funções psicológicas. Mas ela só será intervenção se promover esta transformação, daí não se poder entendê-la como algo que se coloca entre dois elementos — físicos ou psicológicos —, mas, mais apropriadamente, deve-se pensá-la como algo que se coloca no lugar de.

Esta definição permite uma primeira aproximação à função do coordenador pedagógico como mediador: ele é o profissional que deve ter acesso ao domínio das produções culturais gerais e específicas da educação, sobretudo as relativas ao ensino e à aprendizagem, apresentando-as aos professores, debatendo-as, questionando-as, com o intuito de transformar o modo como os professores pensam e agem sobre e com elas. Logo, a forma de funcionar dos professores, entendida como memória, pensamento, consciência, imaginação, criatividade, linguagem etc., transforma-se, por meio da intervenção do coordenador, em novos modos de funcionar, ampliados pela experiência mediada.

Neste aspecto residiria a fundamental responsabilidade do coordenador pedagógico: o desenvolvimento dos professores por meio da aprendizagem que vai se dar pela mediação. Assim, ele deverá investigar os conhecimentos que os professores dominam e intervir para reorganizar tais conhecimentos, elevando-os a outros patamares.

Na perspectiva da psicologia histórico-cultural, é possível dizer que a aprendizagem de qualquer conhecimento novo depende da interação com outros, ou seja, coloca como condição a relação interpessoal. Logo, independentemente da idade, a aprendizagem é entendida como social e contextualmente situada, como um processo de reconstrução interna de atividades externas, em que a relação social, que se constitui como mediação, tem o papel fundamental.

Esclarecida a ideia de mediação, cabe perguntar: do que precisa se apropriar o coordenador pedagógico para fazer a mediação na escola, sobretudo no grupo de professores, e que aprendizagens promovem essa apropriação?.

Saberes necessários ao coordenador pedagógico: que aprendizagens?

Da perspectiva que vimos discutindo no presente artigo, pode-se afirmar que um dos domínios necessários ao coordenador que se pretenda mediador dos processos educacionais na escola diz respeito ao *conhecimento do grupo de professores*: os aspectos grupais e individuais, as histórias de cada um, seus valores e crenças, seus desejos e motivações, sua formação, sua experiência, os conhecimentos que domina, como desenvolve sua ação de ensinar, suas representações sobre a escola, sobre o ensino, sobre o aluno, sobre a aprendizagem, sobre as famílias etc. Enfim, para atuar como mediador é preciso se apropriar de conhecimentos sobre o grupo e o contexto de atuação das pessoas do grupo — a própria escola, com suas políticas, propostas e os atores que dela participam.

E que outras aprendizagens promovem essa apropriação?

Partimos do princípio de que o conhecimento técnico em relação às aprendizagens de como relacionar-se com outros, o domínio de estratégias de relacionamento, a compreensão sobre valores como respeito, tolerância, investimento no outro, implicação etc. são aprendizagens fundamentais desse coordenador, construídas na formação inicial e para além dela, em processos intergrupais e intragrupais. Se apropriadas essas aprendizagens, esse coordenador poderá fazer a mediação para que também os professores se apropriem delas. No entanto, a pergunta permanece: De que mais precisa o coordenador se apropriar para fazer a mediação? Quais aprendizagens a promovem?

Temos refletido sobre as aprendizagens do adulto para exercer as tarefas da educação, e nos parece que alguns aspectos precisam ser mais bem analisados, assim como mais bem trabalhados, nos processos formativos. Em uma primeira instância, aspectos como *subjetividade, memória* e *metacognição* fazem parte do processo de formação identitária, o qual requer *saberes e experiências* específicos, a ser construídos por meio da própria experiência individual e coletiva e dos processos formativos.

Considerando que o processo de apropriação de conhecimento é único e singular, e que as experiências nele vividas o são na relação com outros e no coletivo, não se pode deixar em segundo plano a importância da compreensão dos aspectos subjetivos presentes no processo de aprendizagem. Assim, na "tensão característica dos processos de apropriação de conhecimento, na relação do sujeito consigo mesmo e com grupos, na complexidade do individual e coletivo" (PLACCO, SOUZA 2006, p. 8), nesses processos subjetivos está a essência da formação do educador, e o coordenador pedagógico precisa ter clareza sobre isso.

Inicialmente, chamamos a atenção para a memória. Esta "enriquece com seus conteúdos e significados a percepção do aprendiz na relação com o conhecimento" (PLACCO, SOUZA 2006, p. 25), dando sentido a estas relações. Os processos relacionados estão carregados de aspectos afetivos, possibilitando que a experiência seja retomada e ressignificada nos processos de aprendizagem. A memória tem um papel mediador nos processos de aprendizagem, na medida em que, registrada, pode ser analisada e compartilhada pelos educadores de uma dada escola, de modo que os significados atribuídos à experiência resgatada pela memória sejam atualizados e reposicionados. A experiência de cada um passa a ser compreendida não apenas como lembrança, mas como recurso a novas interpretações da realidade e da própria experiência. Assim entendida, "a memória é matéria-prima para a possibilidade da transformação" (PLACCO, SOUZA 2006, p. 35). O coordenador pedagógico pode recorrer a ela ao retomar, com os professores, os projetos pedagógicos já realizados, sobre os quais, por meio da memória, ele mesmo e os professores podem mudar sua maneira de olhar, de interpretar o realizado, possibilitando que outras escolhas possam ser feitas, outras compreensões ocorram sobre o realizado, definindo criticamente o que pode ter continuidade ou não, o que inova e o que se cria, nos processos relacionais estabelecidos entre memórias e pessoas, transformando essas pessoas e o ambiente em que se encontram.

Aliada à intencionalidade do educador, a memória reposiciona as experiências do grupo e contribui para sua formação coletiva e individual, afirmando esse laço indivíduo/grupo e constituindo a identidade de ambos.

O coordenador pedagógico pode recorrer às contribuições da memória, nos processos formativos com seus professores, por meio do uso de autobiografias, de narrativas orais e escritas, de diários "de bordo", de comentários e reflexões sobre a prática, que a desencadeiam e mobilizam significativas aprendizagens, com consequências benéficas para a prática desses professores.

Esses recursos, se adequadamente utilizados pelo coordenador pedagógico, permitem a ele e ao professor entrar em contato com seus próprios sentimentos e pensamentos, de modo que os conteúdos da memória possam ser evocados e recriados, num movimento em que afetos e aprendizagens se interpenetram e se fundem.

Nesse movimento, cada professor, "à sua moda e circunstância, traz as histórias de suas práticas educativas para servirem como repertório de experiências que merecem ser vasculhadas e exploradas pelos participantes do grupo formador, em todas as suas análises" (PLACCO, SOUZA 2006, p. 38) Se o coordenador pedagógico fizer uso dessas experiências, o movimento de formação daí decorrente será profundamente motivador de novas e importantes aprendizagens do professor.

Esse processo se torna mais refinado se pensamos a aprendizagem da perspectiva da *metacognição*, uma vez que o educador que é capaz de pensar sobre sua própria aprendizagem e sua própria maneira de pensar e aprender pode ampliar significativamente sua experiência da docência e sua identidade profissional.

O conhecimento metacognitivo exige do sujeito uma constante autoobservação, uma atenção consciente e o exercício de certas habilidades cognitivas, a fim de possibilitar a identificação do que sabe e distinguir o que sabe do que não sabe (PLACCO, SOUZA 2006, p. 58).

É nesse contexto que o papel do coordenador pedagógico se configura fundamental: auxiliar o professor a identificar seus próprios processos cognitivos e os afetos que impregnam sua atuação em sala de aula. Nesse processo de mediação, o coordenador pedagógico auxilia o professor a enxergar seu funcionamento metacognitivo, para que se aproprie, "cada vez mais, de suas maneiras de aprender, saber e fazer, tornando-se capaz de exercer seu papel de maneira mais autônoma e consciente e, quem sabe, transformadora" (PLACCO, SOUZA 2006, p. 58). Isso possibilitará ao coordenador pedagógico se reconhecer como fundamental para a formação do professor, desenvolvendo em relação a ele seu cuidado, sua disponibilidade, além de sua intencionalidade.

É importante não perder de vista que os processos metacognitivos são processos individuais, autorregulados pelo próprio sujeito. Assim, mesmo que o coordenador pedagógico exerça sua função formadora e mediadora, em última instância é o professor que decide e assume o que quer ver ou desvelar em seus processos autorreflexivos. Isso exige uma tomada de consciência do professor sobre sua própria reflexão e lhe "permite compreender melhor a atividade mental realizada e promover as regulações necessárias" (PLACCO, SOUZA 2006, p. 59).

Enfatizamos, no entanto, que este não é um processo espontâneo, mas exige a orientação e a supervisão de um formador — no caso, o coordenador pedagógico —, para que, paulatinamente, o professor se torne capaz de autorregular-se.

Esse processo pode ser facilitado pelo coordenador pedagógico, na medida em que se utilize, nos processos formativos que desencadeie, de atividades e recursos que possibilitem ao professor expressar suas dificuldades, seus êxitos, explicitar suas ações e seus projetos, identificar seu próprio processo de aprendizagem, de modo que, além de autorregular-se em relação a esses aspectos, possa auxiliar seus próprios alunos a fazer o mesmo.

Mesmo que cada um desses aspectos mencionados — memória e metacognição — sejam muito bem compreendidos e trabalhados pelo coordenador pedagógico, pouco resultado será alcançado se este não se preocupar com a *subjetividade* de seus professores, isto é, se não considerar o fato de que cada experiência individual ou grupal, cada ação formativa, cada relação pessoal ou pedagógica estabelecida com outros, cada uma delas é única e terá um sentido para o professor que a experimentar.

Por que deve o coordenador pedagógico considerar a subjetividade do professor? Nem sempre o professor tem clareza de seus próprios objetivos e, mesmo que a tenha, pode não ter clareza de que percursos seguir para atingi-los. Assim, sua experiência e os sentidos que atribui a ela são singulares e geram, consequentemente, ações e reações diferenciadas.

Assim, a ação formativa do coordenador pedagógico deve ter também em vista essa diversidade de sentidos, para que, coletivamente, se configurem novos significados: alguns, significados comuns à experiência de formação, enquanto outros conservam suas características próprias. "Essas diferenças estão relacionadas às experiências individuais; por esta razão, no mesmo encontro, atribuem-se sentidos diversos para a mesma atividade de formação" (PLACCO, SOUZA 2006, p. 42).

Assim, os sentidos atribuídos pelos professores às atividades de formação são únicos, embora alguns possam ser compartilhados pelo grupo de educadores.

Em nosso texto *Aprendizagem do adulto professor* (2006), subjetividade é entendida como

> característica própria de cada um, em permanente constituição, construída nas relações sociais, que permite à pessoa um modo próprio de funcionar, de agir, pensar, ser no mundo, modo este que a faz atribuir significados e sentidos singulares às situações vividas. É o que faz cada um ser diferente do outro, diferença esta que tem origem nas significações atribuídas às experiências vividas, que por sua vez são produzidas no social (PLACCO, SOUZA 2006, p. 43).

Significados e sentidos são conceitos ligados à mediação, conforme vimos na parte inicial deste texto, e esse movimento é constitutivo do sujeito, a partir e de acordo com as significações atribuídas às experiências.

Como se pode perceber, os espaços de formação propostos pelo coordenador pedagógico geram inúmeros sentidos e significados, que, concomitantemente, o configuram. Assim, o coordenador pedagógico é desafiado sempre a

> trabalhar com a diversidade de conhecimentos e práticas dos integrantes do grupo. Para os professores em formação há a valorização ou não do estudo, da reflexão, ou a obrigatoriedade de atender a exigências institucionais (PLACCO, SOUZA 2006, p. 45).

Nesse sentido, ao considerar a subjetividade do professor, o coordenador pedagógico pode ultrapassar uma visão limitada de seu papel e abrir-se à diversidade de subjetividades de seus professores, sem perder de vista os objetivos do projeto pedagógico da escola. Será, assim,

> ao mesmo tempo, mediador e construtor de novos sentidos para e com o formando em qualquer processo de formação, tanto no momento da experiência quanto na reconstrução dessas ao longo da vida. O papel do formador em relação à aprendizagem do adulto se assemelha à tarefa do maestro em uma orquestra: de sua batuta sai o movimento e a energia para a coordenação do grupo e a expressão singular de cada músico, mas a obra sinfônica só ganha existência na manifestação do conjunto (PLACCO, SOUZA 2006, p. 46).

Quando se afirma que o coordenador pedagógico deve considerar a subjetividade do professor, um aspecto que deve ser ressaltado é que esta se revela e se "apura" no grupo, no movimento de acatar e compartilhar sentidos e significados, em que o respeito de um pelo outro pode, simultaneamente, possibilitar mudanças no modo de perceber-se e de perceber o outro e, portanto, gerar novas aprendizagens e mudanças de atitudes e, assim, novas práticas.

Com esses elementos que apontamos — *memória, metacognição e subjetividade*, nos questionamos ainda que outros saberes poderia/deveria o coordenador pedagógico considerar necessários ao exercício de seu papel. Lembramos, assim, de dimensões da prática e do cotidiano do professor que o coordenador pedagógico poderia incluir nos processos formativos que desencadeia.

Temos proposto, como aspectos fundamentais para e na formação de educadores, algumas dimensões que, compreendidas como não compartimentadas, não isoladas, nem meramente complementares, estão presentes no cotidiano dos professores, que as exercitam (ou omitem) sem se dar conta de sua pertinência e sua influência sobre os processos de mediação que desencadeiam em sala de aula.

Essas dimensões, aqui propostas individualmente, só têm sentido se compreendidas em sua coocorrência ou simultaneidade, nas relações dialéticas que estabelecem umas com as outras, isto é, em sua sincronicidade[3] (PLACCO, 2002; 2009).

Uma dessas dimensões é a do *trabalho coletivo*, entendido como possibilidade de estar junto, relacionar-se, trabalhar com os outros nas intenções e operacionalizações, investindo nas relações entre os profissionais como espaço para se trabalhar os valores, a diversidade e as diferenças que caracterizam os contextos educativos em que se desenvolve a educação como prática social coletiva. A *avaliação* contínua e permanente dos processos desencadeados pela formação é outra dimensão destacada, que garantirá coerência entre essa proposta de formação e as ações que efetivamente serão desenvolvidas.

Além disso, consideremos as demais dimensões aqui propostas.

As *dimensões cultural e estética* se afirmam em estreita relação com a cultura e a história pessoal e profissional do sujeito, gerando possibilidade de busca fecunda de outros saberes, de outras áreas, que motivam viver a docência em um movimento dialético.

Considerar a *dimensão humano-interacional* implica a expectativa de que o professor tenha um trabalho integrado e cooperativo, mediado pela relação socioafetiva e cognitiva. Integra-se a esta, de forma marcante, a *dimensão da comunicação*, que precisa ser pensada na perspectiva da compreensão mútua, da clareza de expressão de ideias e sentimentos e da construção de novas perspectivas e novos posicionamentos, em função dessa mesma comunicação.

A *dimensão política* concretiza-se quando o professor assume um compromisso ético com a realidade social e educacional, quando tem a percepção de seu papel social e do de seu aluno.

---

3. "[...] ocorrência crítica de componentes políticos, humano-interacionais e técnicos, que se traduz na ação do educador, ocorrência essa que gera movimento que é a ação de e entre professor-aluno-realidade. Esse movimento engendra novas compreensões da totalidade do fenômeno educativo, no qual há reestruturação contínua e consistente em todos, em cada um e na relação entre esses componentes, na medida em que se define e redefine um projeto pedagógico coletivo" (PLACCO 2002, p. 18).

Na dimensão técnica e dos saberes para ensinar, identificamos o professor que aborda com pertinência conteúdos e metodologias em sala de aula, tem conhecimento dos conteúdos e técnicas de sua área de trabalho e sabe relacioná-los com outras áreas, com uma clara visão de educação e da formação de determinado tipo de ser humano, para um desejado tipo de sociedade.

A *dimensão crítico-reflexiva* implica o conhecimento sobre o próprio funcionamento cognitivo pessoal, para seu contínuo desenvolvimento e a autorregulação das ações realizadas com disponibilidade e compromisso junto ao seu aluno, para que este também se desenvolva.

A *dimensão da transcendência* revela qual sentido o professor atribui à sua vida, como ele lida com valores e crenças relacionados a esse sentido de vida, o que afeta sua constituição identitária. Essa dimensão do professor se revela ao aluno nas relações que constituem a prática e o cotidiano de ambos.

A *dimensão ética* sintetiza os valores e ideais concretizados nos conhecimentos e relações, que dão direção e intencionalidade à ação do professor.

Todas essas dimensões estão presentes no sujeito e caracterizam os processos formativos como unos e complexos, com inter-relações e coocorrência, dialeticamente. Assim, na formação, o desenvolvimento do sujeito é provocado simultaneamente, em múltiplas dimensões, mesmo que o formador não tenha proposto intencionalmente essa complexidade (PLACCO 2002; 2009).

Não se pode perder de vista que mudanças no professor e em sua prática só ocorrerão de forma mais estável se essas dimensões e suas inter-relações forem conscientes, isto é, se o professor se der conta desses movimentos, se apropriar deles e puder, assim, de maneira voluntária e deliberada, intervir em sua própria ação.

As aprendizagens do coordenador

Quando nos propusemos enfocar as diferentes aprendizagens do coordenador pedagógico, tentamos responder a necessidades identificadas no cotidiano das escolas: para poder exercer seu papel formador, o coordenador pedagógico precisa, ele mesmo, realizar muitas e diversas aprendizagens, sobre si mesmo, sobre seus professores, sobre a realidade da escola, sobre seus alunos. Se ele não estiver atento a essas aprendizagens e ao quanto as realiza ou não, seu papel junto aos professores, aos alunos e à própria escola ficará muito prejudicado. Assim, podemos dizer que há, sim, saberes específicos do coordenador, que se ligam, implícita e explicitamente, ao ato de coordenar: a capacidade e a disponibilidade para promover a expressão de todos os professores no grupo, acolher suas expressões e garantir que seus pontos de vista sejam respeitados, impedir que se estabeleçam bodes expiatórios, promover o rodízio de papéis no grupo, identificar as necessidades individuais dos professores e buscar atendê-las por meio de estudos e orientações, e tudo isso sem perder de vista o principal objetivo do grupo: melhorar a qualidade da educação dos alunos por meio da apropriação de novas e melhores formas de ensinar e educar. Para tanto, o coordenador deverá, também, cuidar de sua própria formação, reservando tempo e mantendo-se motivado para estudar, participar de cursos, compartilhar com pares etc., em um processo contínuo e permanente, em que a reflexão e a autoavaliação se constituem em suas principais ferramentas de trabalho.

Não nos esqueçamos de que, em última instância, o trabalho que realiza é fundamental para a *formação identitária* dos professores e do próprio coordenador pedagógico. Essa formação é entendida por nós como um princípio básico a ser atingido pelos sujeitos da escola, dado que cada pessoa constrói e reconstrói sua identidade nas ações e relações de sua vida — e, portanto, ao longo de sua formação.

Finalizando, reafirmamos que a presença do coordenador pedagógico é imprescindível na implementação e no desenvolvimento do projeto pedagógico da escola, e que os saberes e aprendizagens dele exigidos para o desempenho de seu papel na escola — especialmente junto aos professores — se diferenciam daqueles exigidos dos professores, na medida em que a liderança esperada deste profissional qualifica de maneira destacada as dimensões a ser por ele desenvolvidas, cognitiva e afetivamente.

Referências bibliográficas

PLACCO, Vera M. N. de S. *Formação e prática do educador e do orientador*. Campinas, Papirus, ⁵2002.

_____. Formação de professores: o espaço de atuação do coordenador pedagógico–educacional. In: FERREIRA, N. S. C., AGUIAR, M. A. (org.). *Para onde vão a orientação e a supervisão educacionais?* Campinas, Papirus, ⁶2009.

_____, SOUZA, Vera L. T. (org.). *Aprendizagem do adulto professor*. São Paulo, Loyola, 2006.

SAVIANI, Dermeval. Formação de professores: aspectos históricos e teóricos do problema no contexto brasileiro. Rio de Janeiro, *Revista Brasileira de Educação*, Rio de Janeiro (Scielo), v. 14, n. 40 (jan.-abr. 2009).

TARDIF, Maurice, LESSARD, C., LAHAYE, L. Esboço de uma problemática do saber docente. *Teoria & Educação*, Porto Alegre, n. 4 (1991) 215-233.

VYGOTSKY, Lev S. *Pensamento e linguagem*. São Paulo, Martins Fontes, 1998.

_____. *A formação social da mente*. São Paulo, Martins Fontes, 1996.

3

O coordenador pedagógico e a formação de professores para a diversidade

Marli André[1]
marliandre@pucsp.br
Hildizina Norberto Dias[2]
hdias@virconn.com

Introdução

Esse texto focaliza o importante papel que pode assumir o coordenador pedagógico na formação do professor para o atendimento à diversidade. Propõe o uso da metodologia de pesquisa, que consiste no ativo envolvimento do professor na definição dos problemas a ser investigados e na busca de caminhos para sua elucidação, contando com as orientações do coordenador pedagógico. Essa proposição requer o aprendizado da pesquisa, tanto por parte dos professores quanto do coordenador e da equipe gestora da escola. Requer ainda um estudo sistemático de temas relacionados à diversidade cultural.

---

1. Professora do Programa de Estudos Pós-Graduados em Educação: Psicologia da Educação, da PUC-SP.
2. Professora da Universidade Pedagógica de Maputo, Moçambique.

Os estudos sobre a prática escolar cotidiana têm cada vez mais tornado evidente a necessidade de refletir sobre e considerar seriamente a diversidade cultural como um dos traços característicos da população estudantil que frequenta a escola. Ao adentrar os muros da escola, os alunos trazem com eles toda a sua bagagem cultural, isto é, seus costumes, suas linguagens, suas crenças, seus modos de viver, sentir e agir, sua trajetória de vida. O professor e outros agentes escolares não podem ignorar a diversidade e a riqueza humana e cultural de seus alunos. Devem ser capazes de potencializar tal diversidade a favor da elevação da qualidade do ensino e da aprendizagem.

Muitas vezes a escola se move no sentido de padronizar, de homogeneizar, de ignorar as diferenças de entrada, e tenta tratar todos os alunos como se fossem iguais. Vários estudos mostraram que uma das causas do fracasso escolar e da baixa qualidade e eficiência do ensino é a dissociação entre a cultura escolar e a cultura social. Nossas escolas ainda não conseguem ser espaços de sistematização do conhecimento no sentido de contemplar as dimensões antropológicas, políticas, sociais e culturais da clientela que a elas tem acesso.

A questão da diversidade cultural, do multiculturalismo e das diferenças tem sido ultimamente colocada com muita ênfase nas áreas da psicologia, da sociologia, da pedagogia, do currículo e da formação de professores, áreas da educação que focalizam a problemática da formação de identidades (do aluno e do professor).

Segundo Canen, Arbache e Franco (2006, p. 3), o termo "multiculturalismo" é polissêmico e abarca tanto o reconhecimento da diversidade cultural "sob lentes de exotismo e folclore" como também pode ser interpretado como uma visão de assimilação cultural, ou numa perspectiva mais crítica de "desafio a estereótipos e a processos de construção das diferenças" (perspectivas interculturais críticas ou multiculturalismo crítico, conforme McLAREN 2000 e CANEN 1997; 1999, citados por CANEN, ARBACHE, FRANCO 2006, p. 3).

1. O tema da diversidade cultural

A diversidade, de acordo com Takahashi (2006, p. 3), é a característica básica de formas de vida e das manifestações de cultura na terra. Ela pode ser biológica ou cultural. Na perspectiva do autor, há três tipos de diversidade cultural: genética, linguística e cultural propriamente dita. A diversidade cultural genética refere-se "às variações e similaridades genéticas entre as pessoas". A diversidade cultural linguística aponta para a existência de "diferentes linguagens e sua distribuição em regiões"; a diversidade de culturas é o "complexo de indivíduos e comportamentos dentro de um contexto histórico comum".

A questão da diversidade cultural deve ser discutida simultaneamente com a noção de "diferença". As diferenças culturais podem variar consoante a etnia, a raça, a idade, a religião, o gênero, a região geográfica, as visões de mundo, os desejos, os valores etc.

O tema da diversidade cultural tem sido alvo de muitos debates, pois os educadores estão muito preocupados em encontrar formas de conciliar o direito de igualdade à educação para todos com o respeito às diferenças culturais. A preocupação política de constituição de uma nação democrática pode levar ao esquecimento das diferenças culturais na escola, com o objetivo de garantir uma educação igual para todos. Também pode ocorrer o inverso, se a atenção se fixa apenas nos grupos específicos.

O tema da diversidade, de acordo com Gimeno Sacristán (2002, p. 14-15), deve ser encarado com naturalidade pela escola, visto que "a diversidade, assim como a desigualdade, são manifestações normais dos seres humanos, dos fatos sociais, das culturas e das respostas dos indivíduos frente à educação na sala de aula". O autor explica que a diversidade pode ser mais ou menos acentuada, mas é um fato normal, daí ser necessário que nós nos preocupemos em trabalhar a partir dela. Segundo ele, a heterogeneidade está presente nas escolas porque também está presente na vida social externa. E é ele ainda que nos alerta: "Todas as desigualdade são diversidades, embora nem toda diversidade pressuponha desigualdade. Por isso devemos estar muito atentos para que, em nome da diversificação, não estejamos contribuindo para manter ou provocar a desigualdade" (2002, p. 14).

Apesar de a diversidade aparecer como algo que é natural na vida social e na escola, pode-se afirmar que ela passou a ser um problema educacional que foi criado pela própria instituição escolar ao querer administrá-la. De acordo com Gimeno Sacristán (2002, p. 24-25), a expansão da escolaridade universal ocorreu paralelamente ao desenvolvimento da psicologia diferencial e infantil e da instalação do pensamento taylorista.

A psicologia diferencial, ao estudar as variações entre os indivíduos, vai provocar uma série de classificações e dicotomias, o que levará à definição de hierarquias, à distinção dos sujeitos segundo graus de inteligência, diferenças de personalidade, estilos cognoscitivos etc.

O pensamento taylorista vai adotar o modelo da racionalidade e eficiência industrial em que se propunha "a divisão de processos complexos de transformação em ações parciais em cadeia". A ideia de fases passa a ser fortemente adotada no currículo e o ensino absorve e põe em prática a divisão em etapas, separa grupos em normais e anormais, adiantados e atrasados, bem-sucedidos e fracassados etc. O agrupamento dos alunos de acordo com seus desempenhos traz à tona a questão das diferenças entre os alunos, o que coloca em evidência o tema da diversidade.

Os estudos da área de psicologia vão influenciar a pedagogia e a didática, que vão se preocupar em encontrar métodos, modelos e estratégias de diferenciação do ensino, e tais áreas passam a colocar a diversidade como problema educacional que necessita ser convenientemente tratado. Algumas correntes em educação, como a do multiculturalismo, situam a diversidade cultural como tema educacional primordial e trazem à discussão as questões políticas ligadas aos direitos humanos, ao direito à diferença, à inclusão, além de questões como o direito à educação para todos e o reconhecimento e a valorização da diversidade cultural.

2. Diversidade e formação de professores

Quando se pretende, hoje em dia, estruturar processos de formação de professores, não se pode esquecer que vivemos em uma sociedade multicultural e que a escola, como parte dessa sociedade, é marcada pela diversidade cultural. No entanto, essas questões são muitas vezes ignoradas no cotidiano das escolas, como nos alerta Candau (2006, p. 3): "A cultura escolar predominante nas nossas escolas se revela como 'engessada', pouco permeável ao contexto em que se insere, aos universos culturais das crianças e [dos] jovens a que se dirige e à multiculturalidade das nossas sociedades".

O enfrentamento dessas questões exige que repensemos o papel da escola e dos educadores. Para Fleuri, compete aos educadores a criação de estímulos que ponham em evidência as diferenças, e a partir do confronto das diferenças é que devem ser desencadeadas as ações. Em suas próprias palavras, o autor sugere aos educadores "prever e preparar recursos capazes de ativar a elaboração e a circulação de informações entre sujeitos, a partir de seus respectivos contextos socioculturais, de modo que se auto-organizem em relação de reciprocidade entre si e com o próprio ambiente" (2006, p. 9).

Entre os educadores, o professor tem um lugar de destaque. Lima (2006, p. 273) considera que a formação de "professores culturalmente comprometidos" envolve três domínios básicos: o dos conteúdos, o das metodologias e o da sensibilidade, alem da ética e da estética. Em relação aos conteúdos, a autora defende que os professores se apropriem de conteúdos básicos, que lhes forneçam uma sólida formação teórica e uma atitude crítica diante deles. Um aspecto fundamental nesse âmbito, segundo a autora, é a coerência entre o que é esperado desses professores em termos de domínio de conteúdo e formas de ensinar e a maneira como os formadores agem com eles. Em relação ao domínio das metodologias, a autora explica que as questões metodológicas não podem ser dissociadas das de conteúdo. No entanto, ela chama a atenção para a importância de se adotar múltiplas metodologias para atender às diferenças presentes na sala de aula. Quanto ao domínio da sensibilidade, a autora explicita muito claramente que não se trata de simples manifestação de afeto na relação pedagógica, mas de uma atitude de amorosidade, no sentido freiriano, em termos de um conjunto de atitudes de alguém que opta por trabalhar com as minorias, que "efetivamente se importa com todos os seus alunos e acredita que todos eles podem e precisam aprender — e de maneira crítica — os conteúdos escolares, em diálogo com os saberes de casa" (p. 277). É nesse domínio que, segundo a autora, se localizam as formas mais variadas de preconceito e discriminação por parte dos professores, o que exige uma reflexão sobre os próprios valores, atitudes e comportamentos e a busca de informações para superar as dificuldades.

Gomes e Silva (2002, p. 17) afirmam que ao discutirmos a relação entre a formação de professores, os saberes, os valores, a cultura e as histórias de vida de cada sujeito enfrentamos um grande desafio no campo da educação, visto que é necessário pensar seriamente o papel dos professores "enquanto agentes pedagógicos e políticos, com direitos e deveres não só de executar políticas educacionais, mas de participar de sua concepção e [sua] avaliação". Para os mesmos autores, é necessário incluir na formação de professores discussões sobre "a construção das identidades, valores, ética, religião, relações de gênero, de raça, de trabalho".

Ao considerar a diversidade na formação de professores, conforme Gomes e Silva (2002, p. 20), torna-se necessário estruturar um processo de formação que contemple as diferenças e evidencie formas de lidar "com os conflitos, os confrontos, as desigualdades". É importante repensar a função social e cultural da escola e do professor, e pensar numa nova concepção de educação e de formação. De acordo com os mesmos autores, tal concepção deve entender o professor como sujeito sociocultural. A educação deve "estar associada aos processos culturais, à construção das identidades de gênero, de raça, de idade, de escolha sexual, entre outros" (p. 22).

É importante considerar o professor como um sujeito sociocultural que tem uma história, valores, hábitos, crenças, experiências de vida e experiência profissional que não podem ser ignorados.

É necessário que sua "bagagem cultural" seja levada em conta em qualquer processo de formação continuada. Ao planejar um curso ou sistema de formação, deve-se perguntar em primeiro lugar: *Quem é esse professor?*. Tal condição é importante para que se inicie um processo de reflexão sobre questões relacionadas à diversidade cultural. Sem dúvida, esse professor terá tido alguma experiência como aluno ou como professor sobre o aprender ou o ensinar na diversidade. Esse deverá ser o ponto de partida.

Pensar a formação de professores na diversidade cultural implica ainda destacar os sujeitos e suas vivências dentro e fora da escola. É importante discutir a relação entre cultura e conhecimento e refletir sobre os processos complexos de apreensão e de construção do conhecimento, pois a diversidade cultural é um "componente dos processos de socialização, de conhecimento e de educação" (GOMES, SILVA 2002, p. 27). Para trabalharmos a formação de professores na diversidade cultural é importante, conforme os autores, considerar os professores como sujeitos e não apenas como profissionais. É necessário propiciar condições para a constituição das identidades dos professores e considerar os professores como "sujeitos socioculturais envolvidos em processos de aprendizagem e de conhecimento. Sujeitos esses que trazem valores, identidades, emoções, memória, cultura para os complexos processos de construção dos saberes" (GOMES, SILVA 2002, p. 28).

Gomes e Silva afirmam que é necessário formar professores "que saibam lidar pedagogicamente com a diversidade" (2002, p. 28). Tal afirmação implica que se devem inserir nos processos de formação de professores reflexões sobre "o reconhecimento, a aceitação do outro, os preconceitos, a ética, os valores, a igualdade de direitos e a diversidade". Cabe ainda criar uma competência político-pedagógica que possibilite a construção de uma postura ética entre os professores.

3. Propondo uma metodologia de formação

Para implementar os princípios e proposições dos autores citados sugere-se a utilização da metodologia de pesquisa, isto é, que o processo de formação dos professores seja calcado numa metodologia que desenvolva suas habilidades de investigação, ou seja, que aprendam a observar, a formular questões ou hipóteses de pesquisa, a selecionar dados e instrumentais que lhes permitam elucidar as questões e hipóteses formuladas e os tornem capazes de expressar seus achados e suas novas dúvidas. A pesquisa pode possibilitar ao sujeito-professor refletir sobre sua prática profissional e buscar formas (conhecimentos, métodos, materiais, atitudes) que o ajudem a aperfeiçoar cada vez mais seu trabalho docente, de modo que possa participar efetivamente do processo de emancipação de seus alunos. Ao utilizar ferramentas que lhe possibilitem uma leitura crítica da prática docente e a identificação de caminhos para superar suas dificuldades, o professor se sentirá menos dependente do poder sociopolítico e econômico e mais livre para tomar decisões próprias.

Essa proposta apoia-se no pressuposto de que a finalidade do processo de ensino–aprendizagem não é a transmissão de conteúdos prontos, mas sim a formação de sujeitos autônomos, capazes de compreender a realidade que os cerca e de agir sobre ela. Nessa nova concepção, o ensino consiste no planejamento e na seleção de experiências de aprendizagem que permitam ao aluno reorganizar seus esquemas mentais, estabelecendo relações entre os conhecimentos que já possui e os novos, criando novos significados. O aprender é um processo essencialmente dinâmico, que requer do aluno a mobilização de suas atividades mentais para compreender a realidade que o cerca, analisá-la e agir sobre ela, modificando-a. A aprendizagem não se esgota, pois, na assimilação dos conhecimentos aos esquemas existentes, mas implica reorganização desses esquemas pela ação do sujeito-aprendiz.

A metodologia de pesquisa possibilita concretizar essa concepção. É na problematização da realidade que se originam as questões a ser perseguidas, e é a partir delas que são escolhidos métodos de trabalho e técnicas de coleta de dados — o que requer um aprendizado de observação e análise da realidade e um conhecimento de instrumentais para sua apreensão. Nesse processo é essencial o envolvimento ativo dos participantes, trazendo suas experiências e contribuições, traçando um caminho para reelaborá-las, o que vai requerer bastante estudo, reflexão, busca e sistematização de dados, para o que serão imprescindíveis as ações de um mediador, no caso o coordenador pedagógico.

Embora óbvio, vale a pena destacar que a participação ativa dos sujeitos no próprio processo de produção de conhecimentos não prescinde da atuação do coordenador, que tem papel importante no planejamento, na supervisão das atividades e em sua avaliação. É ele (ou ela) que coordena todo o processo; é dele que brotam os estímulos iniciais; é ele que orienta os professores na busca de fontes, na escolha de métodos e na seleção de informações relevantes; é ele que os ensina a sistematizar os dados, a interpretá-los e relatá-los.

Além de um ativo envolvimento do professor e das necessárias mediações do coordenador, destacamos o papel fundamental das interações sociais no processo de formação do professor-investigador. O exercício do diálogo e a partilha de saberes e experiências devem ser exercitados tanto na escolha dos temas e problemas a ser investigados quanto na busca conjunta de métodos para seu equacionamento.

Faz parte do desenvolvimento social do indivíduo aprender a conviver e a trabalhar com o outro, aprender a ouvir e a se fazer ouvir, expressar ideias e opiniões próprias e acolher pensamentos e opiniões divergentes. Ora, essas habilidades e comportamentos só poderão vir a ser desenvolvidos ou aperfeiçoados na medida em que existirem situações concretas para seu exercício. Espera-se, portanto, que o processo de formação e aperfeiçoamento docente não apenas faça uso da metodologia investigativa, mas inclua entre seus objetivos o aprendizado do trabalho coletivo, criando espaço para a troca e a construção conjunta de saberes.

Tendo esclarecido os princípios que nos levam a defender o método de investigação como modo de apropriação ativa de conhecimentos, cabe explicitar como se dá seu desenvolvimento.

O uso da metodologia de investigação parte da existência de um problema a ser resolvido ou de uma questão a ser respondida ou ainda de um projeto a ser realizado. Como e de onde vão surgir esses problemas, ou questões, ou projetos? — eis uma primeira indagação. Eles estarão certamente relacionados às problemáticas vividas em sala de aula, e neste caso específico a uma questão relacionada à diversidade cultural. Pode ser um problema mais amplo da escola ou um aspecto mais específico de um turno, de uma série, de uma turma. Em qualquer dessas situações, a condição fundamental para que essa metodologia alcance seus fins é que haja um envolvimento efetivo dos participantes — os professores — seja na definição do tema ou problema a ser pesquisado, seja no planejamento dos passos a ser seguidos para sua elucidação.

Outra condição importante para que essa metodologia possa ter efeitos realmente profundos é que haja envolvimento e trabalho conjunto de toda a equipe gestora da escola. Parece evidente — e muitos estudos o mostram — que passando pela experiência de trabalho coletivo os professores tenderão quase que naturalmente a transferir essa experiência para a sua prática de aula.

Não resta a menor dúvida de que a metodologia que está sendo aqui proposta exige uma mudança radical na atitude do coordenador e nas formas convencionais de trabalho com o professor. Seu sucesso será tanto maior quanto mais convencido estiver o coordenador de sua importância e da necessidade de investir tempo e esforço em sua implementação. Além disso, é preciso que os professores se envolvam intensamente no processo, sintam-se motivados e se empenhem realmente na escolha e na formulação das questões a ser investigadas. Isso tudo vai exigir muito trabalho tanto por parte do coordenador quanto dos professores. Do coordenador, que muitas vezes terá ele mesmo que aprender certas habilidades próprias da metodologia de pesquisa às quais não foi exposto, por exemplo localização e seleção de fontes de consulta, formulação de questões orientadoras, elaboração de instrumentos de coleta e registro de informações. Da mesma forma, a análise e a interpretação dos dados coletados e o relato ou a comunicação deles são capacidades que precisam ser desenvolvidas, e o coordenador só poderá vir a fazê-lo se ele mesmo souber como trabalhá-las. Da parte dos professores, esse aprendizado vai, sem dúvida, exigir esforço pessoal, iniciativa, disposição para refletir e estudar, fugindo aos esquemas correntes de recepção passiva de informações; terão que se dispor eles mesmos a procurar caminhos, a descobrir respostas, a criar alternativas.

Levando em conta que a metodologia investigativa é apenas uma entre as várias possibilidades de envolvimento ativo do sujeito no processo de apropriação de conhecimentos, suas vantagens são óbvias. Uma bastante evidente é a possibilidade de que o professor venha a reproduzir em sua sala de aula o mesmo tipo de prática vivenciada em seu processo de formação. Outras vantagens dizem mais respeito a certas atitudes e preocupações que se desenvolvem com o trabalho de investigação, por exemplo sensibilidade na observação, uma visão mais analítica da realidade, distinção entre as evidências e os próprios pontos de vista, atenção a propósitos não explicitados nas práticas e nos discursos, consciência do arbitrário e da possibilidade de múltiplas interpretações, entre outros.

Conclusões

Uma vez situadas as questões que fundamentariam o projeto de formação de "professores comprometidos com a diversidade" (LIMA 2006) e descrita a metodologia (ANDRÉ 2006) que poderia ser utilizada para esse fim, podem-se propor alguns passos ou eixos de trabalho.

Eixo 1 — *Nós e a diversidade*. Essa unidade trata da relação de cada sujeito e do coletivo de educadores com a diversidade. A pergunta básica será: Como eu vejo a questão da diversidade? O coordenador pedagógico terá um papel importante na mediação dessa discussão. O propósito é que cada educador expresse suas opiniões, seus conhecimentos, seus sentimentos e seus valores em relação à diversidade. Nesse momento será adequado buscar não só as experiências pessoais, mas também textos e autores que ajudem a esclarecer os conceitos de diversidade, diferença, multiculturalismo, interculturalidade, entre outros. Os autores citados neste texto podem ser utilizados como referências.

Eixo 2 — *A diversidade na escola*. A preocupação básica será situar a diversidade na escola. Algumas questões que poderão ser formuladas: Como se apresenta a questão da diversidade nesta escola? Como a escola tem atuado diante da diversidade? Como poderá atuar? Cabe aqui uma reflexão sobre o papel da equipe gestora e do coletivo escolar em face da diversidade, de modo que possam ser traçados propósitos e estratégias de ação, subsídios para o projeto político pedagógico da escola.

Eixo 3 — *A diversidade na sala de aula*. O foco agora são as práticas e interações na sala de aula. A pergunta básica será: Como lidar com a diversidade? Nesse momento serão elaborados e implementados os projetos de pesquisa dos docentes voltados para as problemáticas vividas em sala de aula. Com as orientações do coordenador pedagógico, eles se desenvolverão de acordo com a metodologia proposta.

Eixo 4 — *Revisão do projeto diversidade*. O último eixo seria: Como avaliamos nossa atuação diante da diversidade? A preocupação principal é realizar uma reflexão crítica sobre o que foi feito e definir o que é preciso melhorar.

Referências bibliográficas

ANDRÉ, Marli E. D. A. Ensinar a pesquisar: como e para quê? In: VEIGA, I. P. A. *Lições de didática*. Campinas, Papirus, 2006, p. 123-134.

CANDAU, Vera Maria. *Interculturalidade e educação escolar*. Disponível em: <www.dhnet.org.br>. Julho de 2006.

CANEN, A. Formação de professores e diversidade cultural. In: CANDAU, Vera (org.). *Magistério: construção cotidiana*. Petrópolis, Vozes, ⁵2003, p. 205-236.

_____, ARBACHE, A. P., FRANCO, M. Pesquisando multiculturalismo e educação: o que dizem as dissertações. Disponível em: <http//168.96.200.17/ar/libros/anped>. Junho de 2006.

DIAS, H. Saberes docentes e formação de professores na diversidade cultural. Tese não publicada (Pós-doutorado em Psicologia da Educação). São Paulo, PUC-SP, 2007.

FLEURI, R. M. *Multiculturalismo e interculturalismo nos processos educacionais*. Disponível em: <www.ced.ufsc.br>. Junho de 2006.

GIMENO SACRISTÁN, J. A construção do discurso sobre a diversidade e suas práticas. IN: ALCUDIA, R. (org.). *Atenção à diversidade*. Porto Alegre, Artmed, 2002, p. 13-37.

GOMES, N., SILVA, P. B. G. O desafio da diversidade. In: GOMES, N., SILVA, P. B. G. *Experiências étnico-culturais para a formação de professores*. Belo Horizonte, Autêntica, 2002, p. 3-33.

LIMA, E. F. Multiculturalismo, ensino e formação de professores. In: SILVA, A. et al. *Educação formal e não-formal, processos formativos, saberes pedagógicos*: desafios para a inclusão social. Recife, Endipe, 2006, p. 263-282.

MACEDO, R. S. A aula como actos de sujeitos do currículo e acontecimento multirreferencial. In: SILVA, A. et al. *Novas subjectividades, currículo, docência e questões pedagógicas na perspectiva da inclusão social*. Recife, ENDIPE, 2006, p. 59-68.

4

Os saberes necessários ao coordenador pedagógico de educação infantil: reflexões, desafios e perspectivas

Eliane B. G. Bruno[1]
eliane.gorgueira@terra.com.br
Luci Castor de Abreu[2]
lucastor@uol.com.br
Maria Aparecida G. Monção[3]
maguedes@maxpoint.com.br

O desafio que nos propomos neste texto é a reflexão sobre a contribuição do coordenador pedagógico para o avanço na qualificação das práticas desenvolvidas pelos professores na primeira etapa da educação básica junto às crianças de 0 a 5 anos

---

1. Doutora em psicologia da educação pela PUC-SP. Professora da Universidade Mogi das Cruzes. Assessora em projetos de formação continuada de educadores.
2. Pedagoga pelas Faculdades Integração Zona Oeste (FIZO); pós-graduada em didática do ensino superior pela FIZO. Assessora em projetos de formação continuada de educadores.
3. Doutoranda em educação pela Faculdade de Educação da USP. Professora da Universidade de Mogi das Cruzes. Assessora e formadora em projetos de formação continuada de educadores e gestores.

de maneira que efetivamente propicie o desenvolvimento integral das crianças que frequentam as creches e pré-escolas. Partimos do pressuposto de que o coordenador pedagógico exerce uma tarefa importante no contexto das unidades de educação infantil como formador dos educadores e parceiro do diretor compondo a equipe de gestão, portanto colaborando também para a formação de toda a equipe institucional.

Um eixo importante que direciona a formação da equipe é o da construção e da avaliação permanente do projeto político pedagógico, que serve como uma bússola para nortear o trabalho coletivo, afinando as concepções e definindo caminhos. Outro eixo é o do trabalho em parceria entre o coordenador pedagógico e o diretor, ancorados em princípios comuns.

Uma das dificuldades do trabalho coletivo está no confronto de expectativas dos sujeitos envolvidos. Dificuldade que precisa de condições especiais para ser superada. Uma dessas condições está na compreensão de que uma visão comum sobre a escola, um eixo aglutinador dos seus sujeitos só podem ser construídos a partir das visões particulares, das expectativas de cada um sobre a escola que se pretende organizar (BRUNO 2004, p. 14).

Outro aspecto que queremos destacar neste texto é a importância de pensar mais profundamente sobre a formação inicial do educador, lugar em que se processa também a formação do diretor e do coordenador pedagógico. Defendemos que ao longo do curso sejam garantidos espaços para discussões sobre a especificidade que caracteriza a ação do coordenador no contexto da educação infantil, questão que abordaremos ao longo do texto por meio do relato de uma experiência na formação inicial.

O texto está dividido em três partes. Na primeira apresentamos alguns apontamentos acerca da educação infantil no contexto atual. Em seguida, abordamos os desafios relativos ao coordenador pedagógico neste segmento da educação e, para finalizar, apresentamos o relato de uma experiência realizada num curso de pedagogia — na disciplina "princípios e métodos de gestão na educação infantil" — cujo eixo central pautava-se na discussão sobre a gestão na educação infantil e a tematização a respeito do papel do diretor e do coordenador pedagógico neste segmento educacional. O pilar que orientava essa discussão apoiava-se na visão de que o diretor e o coordenador pedagógico compõem a equipe de gestão e que, portanto, precisam necessariamente realizar um trabalho conjunto e articulado.

Contextualizando a educação infantil

As mudanças profundas pelas quais a sociedade vem sendo marcada refletem-se *pari passu* na vida que acontece no interior das instituições educacionais. Os sinais que, entre vários, trazem atualmente a maior carga de tinta são o advento da Internet e a própria globalização (que, embora viabilizem positivamente a aproximação entre os homens e a democratização da informação, têm também seu lado perverso quando nos colocam na linha de frente de um modelo de vivências competitivo e excludente), que depositam no indivíduo a expectativa do "diferencial humano" por seu potencial crítico, reflexivo, criativo e inovador. Isso nos faz pensar sobre o lugar da escola nesse contexto como agência social corresponsável pela formação desse indivíduo e também sobre os processos formativos que caracterizam a educação básica, sobretudo no segmento da educação infantil, no qual a criança pequena é inserida nos primeiros processos intencionais de construção de sua identidade físico-corporal, psicológica (de si e do outro), cultural (da comunidade em que se insere) e social (das relações que estabelece).

As transformações ocorridas em nossa sociedade nos últimos quarenta anos trouxeram impactos profundos no cuidado e na educação da criança pequena. O que era de responsabilidade exclusiva da família era transferido à tutela do Estado somente nos casos de extrema pobreza ou abandono, situação em que a criança frequentava uma instituição educacional/assistencial. Atualmente é muito comum que as crianças pequenas de diferentes classes sociais frequentem instituições educacionais, e essa nova configuração se deu em função de vários condicionantes e provocou muitas alterações no âmbito da cultura da infância e na legislação de nosso país.

Um dos condicionantes que contribuíram para a expansão das instituições de educação infantil refere-se às mudanças ocorridas nas organizações familiares em decorrência da inserção da mulher no mercado de trabalho, o que gerou a necessidade de que as funções antes exercidas exclusivamente pelas mulheres na educação e no cuidado das crianças fossem compartilhadas especialmente por instituições com essa finalidade. Entretanto, a criação dessas instituições ocorreu refletindo as desigualdades sociais e de gênero presentes em nosso país. As respostas dadas pelo Estado por meio de políticas públicas de atendimento à criança na faixa etária de 0 a 6 anos oscilaram historicamente entre as perspectivas assistencialistas e preparatórias para a escolarização, deixando uma marca divisória entre atendimento para crianças de baixa renda (seletivo, excludente e de baixa qualidade) e atendimento a crianças de classes mais abastadas, que no caso da educação infantil foi ao longo do tempo concentrando-se na rede particular de ensino.

O aumento das instituições de educação infantil provocou também a necessidade de conhecer mais profundamente como se dá o desenvolvimento e o atendimento da criança no interior das instituições, assim como a necessidade de uma legislação que garantisse sua regulamentação, a expansão do acesso e a qualidade do atendimento prestado. No que se refere à legislação, atualmente contamos com um corpo de leis que sustentam e regulamentam a educação infantil — Constituição Federal, Leis de Diretrizes e Bases da Educação, Diretrizes Nacional para a Educação Infantil —, entretanto ainda há uma lacuna entre as conquistas legais, as políticas públicas de educação infantil e as práticas que ocorrem no interior das unidades de educação infantil.

Kramer (2008) considera que todos os avanços no campo da legislação dirigem-se para a conquista da igualdade de direitos das crianças pequenas e o reconhecimento de suas diferenças:

> [...] A educação da criança pequena é um direito social porque significa uma das estratégias de ação (ao lado do direito à saúde

e à assistência) no sentido de combater a desigualdade, e é um direito humano porque representa uma contribuição, entre outras, em contextos de violenta socialização urbana como os nossos, que se configura como essencial para que seja possível assegurar uma vida digna a todas as crianças (KRAMER 2008, p. 56).

Ainda que consideremos que as políticas públicas têm caminhado na direção dos avanços acima, não podemos deixar de registrar a lentidão desses passos, na medida em que encontramos também — e na *contramão* — muitos estudos indicando que cotidianamente o atendimento prestado à criança está longe de garantir seus direitos, como é o caso do estudo realizado por Campos, Füllgraf e Wiggers (2006) sobre qualidade na educação infantil, no qual as análises das pesquisas foram publicadas nos principais periódicos de educação e apresentadas nas reuniões anuais da Associação Nacional de Pesquisa e Pós-Graduação em Educação (ANPED) entre 1996 e 2003, nas quais se constatou que existem nas diferentes regiões do país graves problemas no atendimento à criança pequena, colocando em risco o desenvolvimento e a aprendizagem delas e, por que não dizer, negligenciando os direitos da criança no que se refere a um atendimento de qualidade e que favoreça seu desenvolvimento integral.

A partir da análise realizada pelas autoras pode-se constatar que nas creches e pré-escolas[4] de todo o país ainda prevalecem traços da perspectiva assistencialista ou preparatória, sinalizando para a necessidade de mudanças com relação à maneira de educar as crianças em ambientes coletivos. Entre as questões apontadas pelas pesquisas podemos citar alguns aspectos que aparecem de modo recorrente e que, por sua relevância, necessitam ser revistos, a saber: a organização do tempo e do espaço da criança; as formas e a qualidade das interações estabelecidas com as

---

4. Há diferentes nomenclaturas para as instituições de educação infantil; adotaremos neste texto os termos utilizados na LDB: creches, que atendem a crianças de 0 a 3 anos, e pré-escolas, que atendem à faixa etária de 4 a 6 anos.

crianças; a ausência de propostas pedagógicas consistentes; a dificuldade de relacionamento entre educadores e famílias; a falta de formação específica dos educadores para esse segmento da educação básica.

Consideramos que a superação deste quadro caótico deve ter como base a construção de uma pedagogia da infância que compreenda a educação infantil como a primeira etapa da educação básica e tenha como premissa fundamental a integração entre cuidado e educação numa ação compartilhada com a família, garantindo a formação da criança em sua integralidade. Significa reconhecer a criança como sujeito e garantir condições para que ela conviva em espaços nos quais possa exercer seus direitos de falar, decidir e fazer, compartilhando ambientes acolhedores com outras crianças e adultos, de forma a estimular a ampliação de seu repertório de saberes e favorecer o acesso às múltiplas linguagens.

É a partir desses princípios que o cuidado assume uma perspectiva que extrapola a esfera das práticas de higiene e proteção.

> Cuidar exige estar disponível para atender às necessidades, aos desejos e às inquietações das crianças, supõe encorajar as ações no coletivo, solicita apoiar a criança em seus devaneios e desafios, requer interpretação do sentido singular de suas conquistas no grupo. Implica também aceitar a lógica das crianças em suas opções e tentativas de explorar movimentos no mundo (BARBOSA, 2009, p. 69).

Segundo o documento *Práticas cotidianas na educação infantil* — Bases para a reflexão sobre as orientações curriculares, as ações integradas de cuidar e educar traduzem a afirmação dos direitos das crianças, direitos que se estendem desde a dimensão da proteção à vida (e uma vida de boa qualidade) até os direitos universais de se expressar, de aprender a sonhar, a duvidar, a pensar, a fingir, a não saber, a silenciar, a rir e a movimentar-se.

Quando garantimos que a criança viva sua infância plenamente, estamos garantindo também que ela terá maiores possibilidades de aprender sobre si mesma e sobre o mundo que a cerca, desenvolvendo atitudes solidárias em relação ao outro. Estamos nos preocupando com a dimensão do cuidado, que se manifesta no aprendizado propiciado pelo exercício das relações que estabelece consigo mesma e com o meio.

A base do cuidado humano é compreender e agir numa direção que busca ajudar o outro a se desenvolver como ser humano. Cuidar significa valorizar e ajudar a desenvolver capacidades. O cuidado é um ato em relação ao outro e a si próprio e possui uma dimensão expressiva que implica [...] procedimentos específicos. O desenvolvimento integral depende da forma como esses cuidados são oferecidos e também das oportunidades de acesso a conhecimentos variados, referindo-se tanto aos cuidados relacionais — que envolvem a dimensão afetiva — como aos cuidados com os aspectos biológicos do corpo — como a qualidade da alimentação e os cuidados com a saúde (BRASIL/ MEC 1998, p. 24).

A partir desta visão ampla de cuidado, considera-se que na educação infantil o cuidado relaciona-se às crianças, aos profissionais, às famílias, ao ambiente físico e relacional da escola. No âmbito da gestão, o cuidado se desvela nos processos de formação contínua da equipe em busca da construção de uma gestão democrática e participativa que garanta a voz de todos os sujeitos que compõem o cenário da instituição, ou seja, crianças, profissionais e famílias (MONÇÃO 2009, p. 7).

Ainda que seja fundamental dar voz à criança, isso por si só não é suficiente, pois não podemos deixar de considerar que as crianças se pronunciam constantemente, o que nos faz crer que o grande desafio de hoje é garantir que a criança seja ouvida e que os adultos que lidam com elas busquem compreender suas manifestações, suas falas, seus sentimentos, que desejem conhecer suas hipóteses sobre a vida, sobre o mundo ao seu redor, enfim, o grande desafio é desenvolver uma escuta profunda em relação à criança, de forma que isto seja o norte do trabalho desenvolvido nas unidades.

O coordenador pedagógico no contexto da educação infantil: desafios

É neste cenário profundamente marcado por relações nas quais as instituições de educação infantil, criança e família compartilham um triplo protagonismo que integra afetos, sentimentos, competências e disponibilidade para o ato de apresentar a criança ao mundo e o mundo a ela que surge então a figura do coordenador pedagógico, que, em sua atuação no segmento da educação infantil, tem como uma de suas tarefas primordiais garantir que nas ações dos educadores estejam entrelaçados os princípios fundamentais dos atos de cuidar e educar de forma a contemplar a multiplicidade de dimensões da pessoa humana, privilegiar a escuta e favorecer a reflexão permanente sobre o que as crianças nos dizem. Contribuindo para o crescimento intelectual, afetivo, ético e relacional tanto das crianças quanto dos educadores envolvidos diretamente com elas, o coordenador pedagógico é aquele que atua como "o mediador que articula a construção coletiva do projeto político pedagógico [...] e que, em comunhão com os professores, elabora a qualidade das práticas educativas" (BRUNO 2006, p. 26).

Para desempenhar esse papel, cujo bojo está centrado no cultivo da pessoa integral e no qual as relações intra e interpessoais constituem tão forte apelo, o coordenador pedagógico precisa também cultivar em si mesmo o exercício permanente da busca de autoconhecimento e do desenvolvimento de sua percepção de si e do mundo. Necessita ainda assumir uma postura de formador que possa ser tomada como referência para o educador que atua diretamente com a criança, trazendo sempre à flor d'água a dimensão humana no trato com esses educadores, escutando-os, ajudando-os a pensar sobre sua prática e sobre si mesmos, favorecendo as iniciativas de trocas de experiências e acreditando em sua capacidade como educador. O coordenador precisa assumir-se como um articulador das relações especialmente entre educadores e crianças, sem deixar ao largo as relações com a equipe gestora da unidade e a relação dos educadores entre si.

Para nortear nossas reflexões a respeito do papel do coordenador pedagógico na educação infantil, cabe salientar que compreendemos a criança como sujeito histórico que se constitui na interação com o outro e com o meio em que vive, e que a mediação dos adultos assume um papel importante na construção de sua identidade. Nesse sentido, consideramos que as interações são fundamentais para que a criança possa construir sua forma de ser, pensar e sentir o mundo que a rodeia. E é por causa da importância dessas interações que defendemos que a instituição de educação infantil deve ser alicerçada em uma proposta pedagógica que caracterize suas ações junto às crianças de modo a propiciar experiências significativas e potencializar os processos de aprendizagem no contexto coletivo. Cabe então ao coordenador pedagógico atuar como formador do educador, de modo a propiciar e qualificar as interações entre educadores e crianças, entre família e instituição e entre os professores, ajudando-os na leitura e na análise das situações significativas, o que segundo Ostetto tem como ponto de partida a observação:

> Como perceber as situações significativas? O ponto de partida é a observação das crianças: o que buscam saber sobre o mundo a sua volta, quais suas preocupações e que perguntas estão fazendo num dado momento? Afinal: para onde está direcionada a curiosidade das crianças? É necessário, pois, olhar a criança, as diferentes crianças, os movimentos do grupo. É urgente ouvir suas perguntas: no choro, no balbucio, no gesto, na palavra, na ação. A escuta é disponibilidade ao outro e a tudo que ele tem a dizer. E mais: a escuta torna-se, hoje, a palavra mais importante para se pensar e direcionar a prática educativa (OSTETTO 2004, p. 194).

Se as atitudes da escuta cuidadosa e do olhar atento do educador em relação às crianças são fundamentais na prática educativa, como nos diz Ostetto, não restam dúvidas de que essas atitudes constituem uma temática a ser desenvolvida continuamente nos projetos de formação, pois bem sabemos que um dos pontos nevrálgicos da prática dos educadores — e por conseguinte dos coordenadores pedagógicos — está ancorado na fragilidade das relações interpessoais que se travam no interior das instituições educativas e no potencial que essas relações guardam no sentido de favorecer ou dificultar a construção e a realização dos projetos, principalmente os formativos.

Estudos desenvolvidos por Bruno (2006) mostram que os professores dos cursos que formam educadores (professores, gestores e coordenadores pedagógicos) — seja no segmento da formação inicial, seja no da formação continuada — apresentam em sua maioria muitas dificuldades para planejar e construir coletivamente, desenvolver e principalmente avaliar tais processos de formação, o que faz pressupor que o centro dessas dificuldades está apoiado no fato de que o aprendizado de todas as competências citadas acima pautam-se pelo desenvolvimento, pelo exercício e pelo refinamento plenos das relações que são estabelecidas no interior da instituição, sobretudo porque historicamente as relações interpessoais não constituíam um tema merecedor de problematização e reflexão nesses processos formativos.

Ao longo do tempo, cristalizou-se então no discurso dos educadores a crença de que aprendemos a nos relacionar espontaneamente, a partir das próprias experiências. Desta forma, a grande maioria das pessoas — educadores ou não — nutre a representação de que a questão das relações interpessoais é algo que se aprende na vida e não na escola, e que aprendemos a nos relacionar em processos relacionais. Isto posto, perguntamos: aprendemos? E, se aprendemos, podemos dizer que este é sempre um processo espontâneo? Algumas vezes sim, e muitas vezes não. "A reflexão neste campo ainda se dá ao acaso e depende da percepção, da sensibilidade e da disponibilidade de professores e alunos" (BRUNO 2006, p. 196). Fato é que o aprendizado das relações interpessoais requer a abertura para a mudança, a aceitação do outro, a reflexão sobre si e sobre a prática e a dialogicidade, que inclui o conflito.

Se não despertarmos para a necessidade de cultivar as atitudes constituintes de um diálogo e uma compreensão verdadeiros, como o ouvir ativo, o olhar atento, a fala explicitadora e cuidadosa, teremos muita dificuldade, como educadores, de nos tornar um grupo e de perceber quem são as crianças com quem trabalhamos, suas necessidades, singularidades e expressões. É preciso dedicar certo esforço para cultivar "um olhar atento, sem pressa, que acolha as mudanças, as semelhanças e as diferenças; um olhar que capte antes de agir" (ALMEIDA 2001, p. 71).

A autora nos alerta também sobre a importância de considerar a amplitude do olhar, distinguindo um olhar de curto alcance — que abarca pessoas e cotidiano no presente mais imediato — de um olhar com alcance mais amplo, que nos permite identificar desejos e vislumbrar projetos de futuro. Os dois olhares concomitantemente exercitados são importantes para os coordenadores em seu projeto formativo junto ao grupo de professores, pois, juntos, esses olhares podem viabilizar a teorização com base na própria prática cotidiana, assim como favorecer a construção de projetos que traduzam as mudanças que eles próprios, coletivamente, desejam.

A complexidade do trabalho coletivo e as implicações que se desdobram a partir das ideias *do ouvir, do olhar e do falar* vêm se constituindo numa das preocupações centrais em relação ao cotidiano das unidades educacionais de educação infantil. O enfrentamento desta complexidade exige do coordenador pedagógico ações que viabilizem encontros sistemáticos de formação entre os professores, nos quais seja privilegiada uma metodologia que integre as dimensões cognitiva, política e relacional, e que favoreça a articulação entre o profissional e a pessoa do educador.

Até então falamos de interações, de relações interpessoais entre adulto e criança, criança e criança, adulto e adulto, remetendo-nos a determinados saberes que devem ser contemplados nos processos formativos de educadores. São estes saberes comuns a todas as relações, pois estão fundamentados em princípios que revelam o compromisso com uma educação humanizadora. Entretanto, há diferença nas atitudes que compõem a postura do adulto em relação à criança, cuja marca está na intencionalidade de sua prática educativa.

É nesse ponto que concordamos com Ostetto (2006) sobre a importância de o professor, em sua formação, reencontrar-se com porções esquecidas de seu ser, com sua memória de infância, indo ao encontro de sua criança. A autora cita Jung (1998,

p. 175) quando afirma que "[...] no adulto está oculta uma criança, uma criança eterna, algo ainda em formação e que jamais estará terminado, algo que precisará de cuidado permanente, de atenção e de educação". "Ademais, como alguém poderá acolher o outro fora de si se não acolhe o outro interno?" (OSTETTO 2008, p. 129).

A formação continuada de educadores que atuam em instituições de educação infantil tem como princípio a ideia partilhada acima por Ostetto e Jung, pois o único caminho que possibilita ao adulto perceber a criança, acolhê-la, aceitá-la e estabelecer com ela uma relação de confiança é vivenciar esta mesma experiência consigo mesmo. A busca do autoconhecimento nos leva a conhecer o outro e a conhecer o mundo e, assim como ocorre nas relações estabelecidas entre adultos, nas interações dos adultos com as crianças um e outro se modificam.

É nesta teia que ambos apreendem, aprendem e se desenvolvem simultaneamente. Então, no caso específico da figura do coordenador pedagógico, acreditamos que esse desenvolvimento atinge tanto o educador quanto a pessoa que ele é. Pessoa e educador que, indissociáveis, reconhecem a importância de apostar na criança, que reconhecem o refinamento das relações interpessoais como elemento que contribui significativamente para o aprendizado e para o desenvolvimento, que valorizam a educação como espaço de formação integral do humano e que acreditam nela como utopia da transformação.

Ao contrário daquele que traz respostas prontas, transmite verdades e pretende conduzir o sujeito em formação pelas vias das certezas incompatíveis com a dinâmica da realidade, a perspectiva a partir da qual miramos pressupõe o coordenador pedagógico como aquele que, na instituição, impulsiona, motiva, provoca, desafia e instiga seu grupo a se questionar sempre, a refletir sobre sua própria prática, a buscar alternativas para as mudanças, atuando como o mediador de um processo no qual os professores confrontam suas ideias com ideias dos autores e de seus pares, em sucessivas sínteses que se traduzem na ação de aprender e nas quais se imbricam aspectos como emoções, valores, representações e conceitos que fazem parte do universo cultural de quem aprende.

Esta concepção sobre o papel do formador e os pressupostos acima destacados sobre os processos formativos implicam um conjunto de práticas que devem mobilizar saberes e disponibilidade para, pelo menos, proceder à escuta dos educadores no processo de formação, problematizar as falas colocando mais perguntas do que afirmações, orientar sistematizações com roteiros para registros relativos às experiências em análise; além disso, no caso do coordenador pedagógico que atua em instituições de educação infantil, há ainda a questão fundamental referente à prática de favorecer junto ao grupo de professores a reflexão permanente que possibilite planejar e avaliar as ações diretamente ligadas às crianças, entrelaçando as dimensões do fazer, do sentir e do pensar, assumindo atitudes facilitadoras no trato com as crianças pequenas.

É preciso que os encontros de formação de educadores sejam espaços que possibilitem desvelar as intenções colocadas nas práticas, em termos pedagógicos, éticos e políticos, observando e refletindo sobre como as crianças se colocam diante delas. Esses encontros devem privilegiar a aprendizagem da escuta em relação à criança, como eixo norteador do trabalho de aprendizagem dos adultos educadores, considerar o coletivo de crianças, reconhecer suas singularidades e garantir que elas possam usufruir seu direito de viver a infância. Quando o coordenador pedagógico valoriza os saberes de experiência de seu grupo, mobiliza seus esforços e seus próprios saberes numa prática formativa que reconhece e privilegia as concepções e os princípios que aqui tomamos como bandeira, vemos então aumentadas sobremaneira as possibilidades de termos como consequência um grupo de professores cuja aprendizagem se caracteriza por ser profunda e duradoura. Uma aprendizagem formativa, que não apenas amplia o repertório intelectual, mas avança na direção de transformar o ser, de torná-lo outra pessoa — uma que não era antes de saber...

É esta a concepção de formação que fundamenta nossa prática e que, acreditamos, deve ser o pilar da ação formativa a ser desenvolvida pelos coordenadores pedagógicos.

Defendemos, como Carvalho[5] (2008), que
[...] todo processo de formação implica alguma aprendizagem, mas com ela não se confunde. A aprendizagem indica simplesmente que alguém veio a saber algo que não sabia: uma informação, um conceito, uma capacidade. Mas não implica que esse "algo novo" que se aprendeu nos transformou em um novo "alguém". E essa é uma característica forte do conceito de formação: uma aprendizagem só é formativa na medida em que opera transformações na constituição daquele que aprende.

O componente formativo dos processos de aprendizagem cujo poder transformador pode contribuir para alterar nossos padrões de pensamento, reorientar nossa bússola e redimensionar nossa ação poderá ser vislumbrado no relato que apresentamos a seguir.

Uma experiência de formação

A experiência aqui relatada foi realizada no contexto de um curso de pedagogia que tinha como um dos objetivos a formação do educador reflexivo e pesquisador. A disciplina concentrava-se no segundo semestre do curso e tinha como objetivo central inserir os estudantes nas discussões contemporâneas sobre a educação da criança pequena, seus desafios e perspectivas, integrando a reflexão sobre a importância da construção da gestão democrática na educação infantil, tematizando o papel do diretor e do coordenador pedagógico, suas especificidades e a importância de esses dois atores constituírem uma equipe de gestão.

Ao longo do desenvolvimento das aulas discutimos as temáticas que possibilitavam aos estudantes conhecer a trajetória histórica da educação infantil, as diferentes concepções e representações sobre criança, infância e a educação infantil, e os diferentes lugares que crianças, profissionais e famílias ocuparam nessa trajetória. Afirmamos a necessidade do reconhecimento da criança como

---

5. José Sérgio Fonseca de Carvalho é doutor em filosofia da educação pela Faculdade de Educação da USP – FEUSP.

sujeito que tem direitos, entre eles o direito de ser respeitado como cidadão no tempo presente. Aquele configurou-se em um momento de muitas descobertas, provocando um novo olhar dos estudantes para a educação infantil.

Esse processo muitas vezes suscitava uma retomada de imagens e experiências da infância dos próprios estudantes, configurando um momento de muitas lembranças e reflexões sobre esta fase, conforme bem destaca Arroyo (2004, p. 64):

> Em cada aluno(a) há uma história pessoal, grupal, de gênero, raça, classe ou idade. Percursos singulares ou coletivos que se entrelaçam com seus percursos escolares. É impossível pretender entender estes isolados daqueles. [...] Por trás de cada nome que chamamos na lista de chamada se fará presente um nome próprio, uma identidade social, racial, sexual, de idade. Separar esse nome próprio do nome escolar é como romper um cristal gravado.

Era comum entre os estudantes considerar que para trabalhar com crianças pequenas não havia necessidade de cursar uma graduação, pois segundo eles as tarefas primordiais nessa faixa etária destinavam-se à alimentação, à higiene e às brincadeiras. Essas representações dos estudantes explicitavam a dimensão assistencialista ainda presente no interior das unidades de educação infantil e a polarização entre cuidar e educar, caracterizando a educação infantil como um segmento secundário no sistema educacional. O contato com as diferentes literaturas da área possibilitou compreender a importância dessa etapa do desenvolvimento da criança. Os conteúdos abordados abrangiam aspectos fundamentais para se pensar sobre a estrutura e o funcionamento de uma instituição de educação infantil, tais como organização do tempo e do espaço da criança, o papel das interações e das brincadeiras, a relação com as famílias, o planejamento da prática educativa e as diferentes propostas curriculares para a educação infantil.

Ao estudar essas dimensões que permeiam as instituições de educação infantil, reforçávamos a ideia de que estudar sobre a gestão necessariamente requeria pensar a instituição educacional como um todo, considerando que a equipe de gestão deve conhecer sobre educação infantil para poder construir junto com o grupo de educadores uma gestão democrática.

Além do contato com a literatura, adotamos como estratégia para ampliar os conhecimentos e o debate sobre gestão na educação infantil a realização de encontros com diretores e coordenadores pedagógicos que atuavam neste segmento. Os gestores faziam o relato de suas experiências, e os estudantes perguntavam sobre suas práticas, suas concepções, sobre os desafios da gestão, entre outros assuntos.

No final do semestre os estudantes, divididos em pequenos grupos, elaboraram um quadro analítico sobre as palestras em sala de aula, discutindo, ainda que de maneira preliminar, as convergências e divergências entre os relatos e sua aproximação (ou distanciamento) em relação aos textos estudados. A conclusão desta sistematização se deu com a elaboração de um texto com o título "A gestão na escola de educação infantil dos nossos sonhos".

Conforme já foi apontado em outra pesquisa realizada (MONÇÃO 1999), muitos profissionais deparam com um cotidiano permeado por sentimentos ambivalentes com relação ao significado da creche, traduzidos em diferentes concepções e expectativas. Tal pluralidade faz aflorar, muitas vezes, focos de tensão entre profissionais e famílias, revelando as influências tanto da vertente assistencialista quanto da educacional.

Um aspecto importante que permeou todo o processo da disciplina foi a preocupação em constituir o espaço da sala de aula como um espaço de encontro e de aprendizagens múltiplas, inclusive aquelas relativas às relações interpessoais. As temáticas do ouvir, do falar e do olhar foram refletidas e vivenciadas, sempre com a lembrança de que a perspectiva do cuidado que compõe a concepção de educação infantil chama necessariamente para esse aprendizado.

Concomitantemente, ao longo do semestre os alunos realizaram estágio em instituições de educação infantil, o qual estava organizado em torno da pesquisa e da observação e tinha como principais atividades entrevistas com diretores e coordenadores pedagógicos da rede pública e particular de creches e pré-escolas e a observação de reuniões de pais e professores, além da leitura dos documentos da escola, tais como o projeto político-pedagógico e o regimento interno.

As supervisões de estágio ocorriam fora do horário das aulas e configuravam-se em momentos de reflexão coletiva sobre as observações dos estudantes, aprofundamento do olhar sobre os dados obtidos e troca de informações entre os discentes, tendo em vista que a socialização das experiências no estágio constituía-se em um repertório amplo de relatos sobre o cotidiano das unidades de educação infantil que evidenciavam a pluralidade de formas de atendimento à criança pequena e subsidiaram a construção de um relatório reflexivo sobre as experiências no estágio.

É importante destacar que reconhecemos as limitações que se colocam em um estágio de pesquisa e observação na formação dos educadores. No entanto, acreditamos que tal proposta alcançou seus objetivos, especialmente no que se refere à possibilidade de os estudantes dirigirem um novo olhar para a educação infantil e para a especificidade da gestão neste segmento. Um dos indicadores dessa avaliação foi o interesse dos estudantes em aprofundar as temáticas tratadas na disciplina por meio dos trabalhos de conclusão de curso (TCC).

Podemos destacar o resultado de um desses trabalhos: "A formação continuada: o coordenador pedagógico como formador dos profissionais de educação infantil 0 a 3 anos". A coleta de dados da pesquisa teve duas fases. A primeira se deu a partir da análise de dez entrevistas com coordenadores pedagógicos, extraídas dos relatórios de estágios em que analisaram três categorias relacionadas à formação continuada. As autoras constataram uma diversidade de concepções a respeito de como os coordenadores pedagógicos compreendem a formação continuada, revelando que a maior parte das formações eram oferecidas fora da escola pela secretaria ou outros órgãos e em muitos casos com pouca ou nenhuma articulação com as temáticas debatidas pelo coordenador na instituição. Na maioria das instituições pesquisadas, a formação com o coordenador só ocorria uma vez por mês, e os temas mais solicitados pelos educadores eram: relação escola–família, questões relativas à prática do educador, alunos indisciplinados, falta de recursos pedagógicos, sexualidade infantil, inclusão de alunos especiais.

Essa pesquisa evidencia que, em virtude da trajetória recente da educação infantil e da mais recente ainda inserção do coordenador pedagógico neste segmento, questões relacionadas à formação continuada e à atuação do coordenador pedagógico ainda merecem maior atenção dos pesquisadores e educadores, a fim de provocar avanços nas práticas junto às crianças.

Considerando os dados apresentados acima, podemos observar que a possibilidade de contrapor as correntes teóricas às práticas relatadas, compará-las e refletir sobre elas possibilitou aos educadores em formação uma experiência de aprendizagem revestida de um caráter formativo, na medida em que promoveu nesses educadores mudanças em suas formas de pensar, de ser, de estar e de intervir em seus contextos.

Para ilustrar essas possibilidades de reflexão, ressignificação e transformação da prática de educadores que, em processo de formação, foram incentivados a valorizar as relações interpessoais e os desdobramentos delas decorrentes, trazemos abaixo o depoimento de uma educadora no qual ela relata sua reflexão, seus sentimentos e a percepção de suas limitações. Para contextualizar, entendemos ser importante dizer que a situação ocorreu durante o estágio, ao longo do curso de pedagogia, e refere-se à análise de uma entrevista realizada com uma coordenadora pedagógica.

> Desejo registrar que decidi compor separadamente a análise sobre a prática desta coordenadora por conta do desconforto que sinto agora por perceber que estive distraída em relação a alguns aspectos fundamentais do processo de formação. Percebo que na ocasião em que a Rosana esteve conosco não consegui me colocar diante de seu relato de forma empática e acolhedora.
> Em alguns momentos estive "julgando" suas ações segundo os meus quadros de referência e não segundo os dela. Não consegui me concentrar em tentar compreendê-la, ouvindo o que de fato ela queria me dizer, mas fiquei presa na expectativa de que ela

me dissesse o que eu queria ouvir. Não quero dizer com isso que me portei com desrespeito, indelicadeza ou falta de cuidado. No entanto é preciso que eu diga que ainda não me sinto totalmente preparada para esse acolhimento de que temos falado, como forma de possibilitar ao outro "se trazer" para o grupo sentindo a segurança de que será aceito, e não será julgado ou rotulado. Sinto-me frustrada porque — mesmo não tendo explicitado — tenho a consciência de que minha postura mais interna revelava em alguns momentos certa rigidez.
E eu queria que tivesse sido diferente...

No relato acima podemos observar o movimento de esforço intelectual nos sentidos intra e interpessoal mobilizados pela oportunidade da experimentação e do exercício intencional da empatia, da consideração positiva e da autenticidade defendidos acima por Rogers. Nesta mesma esteira trazemos o testemunho de Bruno (2006), no qual é valorizada a ideia de que o processo formativo configura-se como espaço de socialização de indivíduos, de interação entre indivíduo e sociedade, e principalmente como espaço reflexivo de possibilidades de transformação. A relação dialética entre indivíduo e meio tem nas relações interpessoais uma de suas principais características de direcionamento do indivíduo no contexto coletivo. Os processos formativos, portanto, devem dotar o indivíduo de saberes que propiciem ações que lhe permitam posicionar-se criticamente diante das relações sociais e interpessoais que surgirão durante sua vida.

Gerenciar os conflitos inerentes a um contexto marcado por diferentes interesses e necessidades é uma tarefa difícil e exige da equipe de gestão conhecimentos sobre a área de educação infantil, disponibilidade para a reflexão a respeito das diferentes formas de pensar e agir dos educadores. Exige flexibilidade para lidar com uma rotina de trabalho dinâmica, complexa e permeada por emoções. Tais aspectos são de fundamental importância e devem ser abordados na formação inicial a fim de provocar nos futuros educadores a necessidade de permanente reflexão.

À guisa de conclusão

Ao longo deste texto explicitamos quatro aspectos fundamentais que permeiam a atuação do coordenador pedagógico na educação infantil: a) o coordenador pedagógico como formador do grupo de educadores e parceiro do diretor na composição da equipe de gestão; b) a especificidade da atuação do coordenador pedagógico na educação infantil, cuja principal tarefa é provocar a reflexão permanente dos educadores a respeito da articulação entre cuidar e educar nas práticas cotidianas; c) a escuta em relação às crianças como norte para planejar e avaliar as ações junto a elas; e d) o trato das relações interpessoais como fundamento para nortear a constituição do grupo de educadores.

Cabe lembrar ainda que na consolidação desses aspectos, que requer conhecimentos e saberes (tanto os gerais, relativos ao papel do coordenador pedagógico, quanto os que dizem respeito ao contexto específico da educação infantil), a reflexão constante do coordenador pedagógico sobre sua atuação deverá ter seu lugar de destaque, já que cada ator lidará de forma singular com os afetos, valores e crenças que alicerçam a cultura desse segmento educacional e manifestará a elaboração e apropriação desses aspectos também a seu modo, de maneira própria.

Para finalizar nossa reflexão, gostaríamos de acrescentar mais um aspecto que compõe a especificidade do papel do coordenador pedagógico na educação infantil, referente à importância do trabalho com as famílias. Faz-se necessário abrir lugar nos encontros de formação continuada para refletir sobre o processo de construção e alicerçamento da parceria com as famílias das crianças. Tal necessidade funda-se na premissa de que na educação infantil compartilhar o cuidado e a educação das crianças com as famílias é norte para alcançar sua finalidade. Entretanto, existe ainda a necessidade de conceber o trabalho com as famílias como parte integrante do projeto pedagógico e não como um apêndice, uma tarefa à parte do trabalho educativo (MONÇÃO 1999). Há ainda muitas dificuldades para estabelecer um diálogo entre instituição e famílias.

Diante das questões apresentadas, esperamos que este texto possa fomentar a continuidade destas discussões, no sentido do enfrentamento dos desafios cotidianos para a construção de uma pedagogia da infância que conceba a educação infantil com todas as suas especificidades e assegure um atendimento de qualidade à criança pequena.

Entendemos que não existe preparo capaz de dar conta do real a ser vivenciado pelos futuros educadores e coordenadores pedagógicos da educação infantil, no entanto o que se coloca como busca nos cursos de formação — quando se fala da relação entre teoria e prática — é problematizar a prática de tal forma que se abram ouvidos e canais de percepção, sensibilizando o futuro educador para um mergulho mais consciente e com maior propriedade nas tramas presentes no cotidiano profissional. Mais do que garantir o preparo para bem atuar em um contexto de antemão surpreendente, os processos formativos (tanto na formação inicial quanto na continuada) podem sensibilizar para a escuta dos ruídos desta surpresa, para a fala que não pretende enquadrar, mas dialogar, e para o olhar buscador dos sinais de entendimentos, de conflitos, de opções.

Referências bibliográficas

ALMEIDA, Laurinda R. de. O relacionamento interpessoal na coordenação pedagógica. In: ALMEIDA, Laurinda R., PLACCO, Vera M. N. S. de. *O coordenador pedagógico e o espaço da mudança*. São Paulo, Loyola, 2001.

ARROYO, Miguel. *Imagens quebradas*: trajetórias e tempos de alunos e mestres. Petrópolis, Vozes, ^{2}2004.

BARBOSA, Maria Carmen Silveira. *Práticas cotidianas na educação infantil – bases para a reflexão sobre as orientações curriculares*. Brasília, MEC/SEB, 2009.

BRASIL. *Parâmetros nacionais de qualidade para a educação infantil*. Brasília, MEC/SEB, 2006.

_____. *Referencial curricular nacional para educação infantil — RCNEI*. Brasília, MEC, 1998.

BRUNO, Eliane B. G. *Os saberes das relações interpessoais e a formação inicial do coordenador pedagógico*. Tese (Doutorado). São Paulo, Pontifícia Universidade Católica, 2006.

CAMPOS, Maria Malta, FÜLLGRAF, Jodete, WIGGERS, Verena. A qualidade da educação infantil brasileira: alguns resultados de pesquisa. *Cadernos de Pesquisa*, São Paulo, v. 36, n. 127 (2006) 87-128.

CARVALHO, José S. F. A experiência educativa com valor formativo. *Revista Educação*, Ed. Segmento, 137 (set. 2008).

KRAMER, Sônia, BAZILIO, Luiz Cavallieri. *Infância, educação e direitos humanos*. São Paulo, Cortez, 2008.

MONÇÃO, M. A. G. *Subalternidade ou parceria? Um estudo das representações sociais sobre a participação das famílias nas creches*. Dissertação (Mestrado em Sociologia da Educação). São Paulo, Pontifícia Universidade Católica, 1999.

_____. *A gestão democrática na educação infantil*: perspectivas e desafios. Projeto (de Doutorado). São Paulo, FEUSP, 2009.

OSTETTO, Luciana Esmeralda. *Encontros e encantamentos na educação infantil*: partilhando experiências de estágios. Campinas, Papirus, 2004.

ROGERS, C. R. *Tornar-se pessoa*. São Paulo, Martins Fontes, [5]1997.

5

Coordenação de professores alfabetizadores: um desafio a ser vencido

Lilian Corrêia Pessôa[1]
lilianpessoa@professor.sp.gov.br

> O inesperado surpreende-nos. É que nos instalamos de maneira segura em nossas teorias e ideias, e estas não têm estrutura para acolher o novo. Entretanto, o novo brota sem parar. [...] E quando o inesperado se manifesta é preciso ser capaz de rever nossas teorias e ideias, em vez de deixar o fato novo entrar à força na teoria incapaz de recebê-lo.
>
> Edgar Morin

Dada a relevância do tema, é expressiva a quantidade de estudos que discutem a intensa rotina do coordenador pedagógico em seu *locus* de atuação: a escola. De fato, o inesperado, que segundo Morin surpreende-nos e brota sem parar, invade a rotina desse profissional e acaba por conferir o tom da dinâmica de seu trabalho e,

---

1. Mestranda no Programa de Estudos Pós-Graduados em Educação: Psicologia da Educação, da PUC-SP; professora universitária no curso de pedagogia da Universidade Paulista (UNIP); professora coordenadora na Oficina Pedagógica, atuando na formação de professores coordenadores da Diretoria Regional de Ensino (Secretaria de Estado da Educação-SP).

na maioria das vezes, privá-lo da necessária reflexão sobre a prática pedagógica, bem como sobre os desafios que a ela se impõem, já que, conforme observam André e Vieira (2007, p. 17),

> [...] o dia de um coordenador pedagógico é repleto de acontecimentos variados, superpostos e imprevisíveis. [...] Suas atividades incluem tanto o planejamento e a manutenção da rotina escolar quanto a formação e o acompanhamento do professor, assim como o atendimento a alunos e pais.

Os anos iniciais do ensino fundamental (que atualmente compreende o período do 1º ao 5º ano), foco desta reflexão, contêm desafios específicos para a coordenação pedagógica. Mas quais são esses desafios no atual cenário da educação? De que modo o coordenador pedagógico prepara-se para enfrentá-los? Quais são os recursos de que ele dispõe? Quem são os seus parceiros nesse processo?

Estes são apenas alguns dos questionamentos inseridos no cotidiano da coordenação pedagógica. Entretanto, é preciso reconhecer que as ocorrências que permeiam o espaço escolar não estão isoladas, mas articuladas de tal modo que, ao referir-se a uma delas, é inevitável deparar com tantas outras. Isto se dá porque o processo educativo é sistêmico e processual, portanto a atuação do coordenador pedagógico acompanha essa dinâmica. É como numa trama em que os fios estão entrelaçados de tal forma que para o isolamento de um deles faz-se necessária a mobilização dos demais.

É partindo dessa perspectiva que este texto intenta apresentar uma reflexão sobre os desafios da coordenação pedagógica nos anos iniciais do ensino fundamental. É mister que ele seja compreendido como uma possibilidade para discussão sobre o tema, como um caminho entre outros, como uma opção que se faz a partir de uma proposta que contempla aspectos que podem subsidiar a prática pedagógica e suscitar diferentes questionamentos, ampliando a compreensão do coordenador pedagógico sobre o seu trabalho.

Formar-se para formar...

A atuação da equipe escolar nos anos iniciais do ensino fundamental centra-se no processo de alfabetização dos alunos. Entretanto,

O momento histórico atual aponta para a necessidade de rever práticas e concepções que fundamentam o trabalho do professor alfabetizador, uma vez que pesquisas de caráter acadêmico e diferentes veículos de comunicação (televisão, rádio, internet...) têm apresentado à sociedade um quadro preocupante em relação à aprendizagem da leitura e da escrita. Neste contexto, uma das atribuições do coordenador pedagógico que se destaca é a formação de sua equipe docente, e esta, na perspectiva de Moita (2007, p. 115), revela que "Ninguém se forma no vazio. Formar-se supõe troca, experiência, interações sociais, aprendizagens, um sem-fim de relações".

Ao coordenador cabe, portanto, a responsabilidade por viabilizar espaços de encontros pedagógicos (reuniões, palestras, horas de estudo etc.), de modo que os professores possam rever sua prática, trocar experiências, pensar em alternativas de trabalho a ser desenvolvido com os alunos que não aprenderam com as estratégias até então utilizadas, buscar formas para lidar com a diversidade presente na sala de aula. Contudo, apesar da relevância deste trabalho e da importância do papel do coordenador neste processo, não se pode atribuir a ele toda a responsabilidade pelo quadro atual da educação, sobretudo no tocante ao processo de formação dos professores. Sua atuação articula-se com vários fatores de competência de outras instâncias, tais como medidas no âmbito das políticas públicas, condições favoráveis para o desenvolvimento do trabalho, concessão de autonomia para tomadas de decisões de caráter pedagógico, participação ativa na elaboração do projeto político pedagógico da escola etc. Entretanto, esses aspectos são merecedores de uma reflexão que não será realizada neste espaço; não por serem menos relevantes para o trabalho do coordenador, mas pela limitação do próprio texto, que não pode contemplar todos os fatores que se relacionam com o assunto tratado. Assim, entende-se que pelo prisma do trabalho desenvolvido pela coordenação perpassam muitas questões relacionadas a esse processo de formação continuada, e é de fundamental importância que algumas delas sejam situadas. E desse modo é introduzido o primeiro desafio da coordenação pedagógica: realizar a formação contínua dos professores.

Para a realização de um trabalho de formação que realmente subsidie a prática docente, pressupõe-se que o coordenador pedagógico dedique algumas horas de seu trabalho diário a observações da atuação de seus professores, a reflexões sobre o que é necessário propiciar para que sua equipe possa avançar, a estudos que possam oferecer suporte às discussões propostas, a sistematização dos assuntos a ser tratados. Sem que tais atividades aconteçam não há como aproximar-se da realidade dos professores e oferecer espaços de formação que se aproximem de seu trabalho. Com base na epígrafe deste texto, pode-se dizer que, se o inesperado consome a maior parte do tempo da coordenação, impossibilitando-a de abrir-se para o novo e, consequentemente, de proporcionar uma formação adequada à sua equipe, o coordenador pedagógico acaba por tornar-se semelhante a um missionário que, como relata Galeano (2007, p. 28), pretendia catequizar os índios do Chaco paraguaio e, ao findar a leitura que realizou para a tribo, ouviu do cacique, que tinha fama de ser muito sábio: "Você coça. E coça bastante, e coça muito bem. [...] Mas onde você coça não coça". Ou seja, quando as necessidades que surgem na sala de aula não são estudadas coletivamente, quando não são discutidas novas propostas com o intuito de oferecer mais qualidade à docência, quando as questões que se referem ao processo de alfabetização não são tratadas com pertinência... os discursos sobre a educação tornam-se vazios e distantes da escola.

Eis as razões pelas quais a formação continuada da equipe docente torna-se um duplo desafio para o coordenador pedagógico: primeiramente porque esse profissional precisa realizar estudos que fundamentarão a formação a ser oferecida aos professores (o que é uma tarefa bastante complexa para ser realizada por uma única pessoa); em segundo lugar porque o tempo exigido para esse estudo não está à sua disposição, esperando para ser ocupado: ele precisa ser "fabricado" na rotina escolar.

É nesse contexto que outro desafio precisa ser superado: implementar uma rotina de estudos na escola com os profissionais da educação. E este é um paradoxo de difícil compreensão: como é que a escola não propicia espaço de estudo para todos que nela atuam se ela é entendida como lugar de estudo, de pesquisa, de novas descobertas, enfim, de aprendizagem? Ou ainda, na perspectiva sociocrítica apresentada por Libâneo (2004, p. 30):

> [...] a escola é vista como um espaço educativo, uma comunidade de aprendizagem construída pelos seus componentes, um lugar em que os profissionais podem decidir sobre seu trabalho e aprender mais sobre sua profissão.

Existem aqueles que não concebem que o ato de estudar possa ser praticado no horário de trabalho; dizem que alguns coordenadores "só ficam lendo". Outras vezes, os próprios coordenadores se traem quando dizem, por exemplo, a um colega: "Pode entrar, eu não estou fazendo nada, só estava lendo". Ora, é preciso compreender que é essencial aos profissionais da educação (professores, coordenadores, diretores, supervisores, orientadores...) uma rotina de estudos realizada na escola, com condições favoráveis. No caso do coordenador pedagógico, é preciso inserir em sua rotina de trabalho um espaço (que pode ser semanal, por exemplo) a ser dedicado aos estudos, sabendo-se que, especialmente na fase inicial de seu funcionamento, será necessário evitar desvios para a realização de outras tarefas. É sabido que todos os assuntos tratados no âmbito da escola são importantes; além disso, a maioria deles é cunhada pelo caráter urgente. Entretanto, não é aceitável que, a exemplo de um barco à deriva, o trabalho do coordenador pedagógico fique ao dispor do inesperado. É preciso criar estratégias para lidar com as diferentes situações que surgem no cotidiano escolar e, inevitavelmente, afetam o trabalho pedagógico.

Perseguir o foco: uma estratégia de sucesso...

Uma vez observado o cotidiano de um coordenador pedagógico no espaço escolar, compreende-se a necessidade de uma solução para otimizar sua rotina de trabalho, um norteador para que não se desvie dos objetivos traçados. Mas não há uma solução que possa ser retirada da "cartola" como num passe de mágica. O que existem, isto sim, são caminhos que precisam ser configurados e reconfigurados pelo coordenador pedagógico e sua equipe docente sempre que preciso. É certo que, como foi dito anteriormente, não se pode deixar que o trabalho pedagógico transcorra como um barco à deriva, sem uma diretriz a norteá-lo; por outro lado, também não se pode ser inflexível e desprezar tudo aquilo que o afasta de suas metas. Para que o trabalho pedagógico seja praticável de forma adequada é preciso coerência e clareza dos objetivos propostos. Isso permite ao coordenador transitar pelas diferentes áreas que com a escola se articulam, o que confere certa flexibilidade à prática pedagógica na medida em que permite um retorno ao caminho.

Neste processo, entretanto, é preciso mover-se na direção da equipe escolar e tornar por eles conhecidos os limites do trabalho da coordenação pedagógica. É certo que isso pode parecer que se quer falar do óbvio e que todos devem conhecer o trabalho realizado pelo coordenador no espaço escolar. No entanto, já dizia Pablo Neruda que "certas coisas, de tão sabidas, não são ditas. E, por não serem ditas, são esquecidas". E isso ocorre com mais frequência entre aqueles que estão envolvidos de tal forma com a dinâmica de seu trabalho que acabam por distanciar-se das atividades que não têm uma articulação direta com aquilo que realizam. Isto justifica a necessidade de tomar medidas para garantir que todos conheçam, de fato, o trabalho que a coordenação pedagógica se propõe cumprir.

Quando o foco do trabalho foi estabelecido e garantiu-se que a equipe escolar o tenha conhecido, é preciso empenhar-se para que a rotina possa fluir. Neste caso, vale ressaltar o papel da disciplina e da organização, tão necessárias para a obtenção de um resultado que se busca.

Como se sabe, procedimentos em fase de implantação são dotados de peculiar fragilidade, então é de fundamental importância lançar mão de recursos que possam auxiliar nesse processo, como, por exemplo, o planejamento e o registro da rotina da coordenação pedagógica em uma periodicidade por ela estabelecida (diária, semanal, mensal...). O registro possibilita a aproximação entre quem o escreve e o conteúdo do que foi escrito, e desse modo o coordenador pedagógico poderá recuperar as atividades inicialmente propostas e verificar seu cumprimento, colocá-las numa ordenação diferente, reavaliar sua necessidade, reconfigurá-las, revalidá-las... Outra estratégia interessante é reservar um tempo ao final do expediente para verificar se as atividades realizadas durante o dia estiveram de acordo com os propósitos estabelecidos para a coordenação pedagógica. À medida que a rotina é implantada, o esforço que se despendia para garantir que ela realmente acontecesse gradativamente diminui, concedendo certa fluidez ao trabalho.

Parcerias: a coordenação pedagógica não caminha sozinha...

Outro aspecto que merece ser considerado são as parcerias firmadas: professores, alunos, família, equipe gestora, enfim, a comunidade escolar pode contribuir de modo valioso para o trabalho da coordenação pedagógica, desde que estejam cientes de suas possibilidades e limitações. Parcerias como essas conferem credibilidade ao trabalho pedagógico desenvolvido pela escola. Por isso, apesar dos diferentes obstáculos que interferem na aproximação entre os membros da comunidade escolar, é essencial buscar mecanismos para aproximá-la do trabalho pedagógico. É preciso que seus membros sintam que de fato pertencem à escola, que percebam nesse espaço de aprendizagens uma relação saudável de interdependência, entendida numa perspectiva em que nenhum é mais importante que o outro, ou seja: todos precisam da escola, mas todos podem com ela contribuir.

Para lidar com essas esferas que compõem a comunidade escolar, o coordenador pedagógico precisa observá-las nos momentos de atuação para que possa conhecê-las e explorar suas potencialidades. Todavia, a tarefa da observação lhe dará também a possibilidade de conhecer suas fragilidades, o que poderá ser positivo se forem compreendidas no sentido de buscar formas para minimizá-las diante do todo, que é a própria comunidade escolar. Formadas por pessoas, essas esferas com as quais o coordenador pedagógico lida no cotidiano da escola podem ser analisadas numa perspectiva walloniana, que define os grupos fundamentando-os "na reunião de indivíduos que mantêm entre si relações que determinam o papel ou o lugar de cada um no conjunto" (WALLON 1986, p. 171).

Assim, se for possível ao coordenador, por exemplo, identificar os líderes de determinados grupos, poderá delegar-lhes tarefas que exijam essa liderança já estabelecida, evitando que ele mesmo tenha de desempenhar essa função, o que poderia provocar um confronto direto com o grupo e, consequentemente, desarticulá-lo ou fragilizá-lo. Há, ainda, a possibilidade de essa liderança fortalecer-se com seu grupo a partir dessa interferência que é externa a ela, talvez por sentir-se ameaçada pelo papel que desempenham os líderes da escola (entre eles o coordenador pedagógico) e passar a organizar-se para resistir àquilo que é proposto. O choque entre a escola e as lideranças dos grupos que com ela se articulam é, portanto, permeado de riscos que podem vir a atrapalhar o trabalho da coordenação pedagógica.

Daí a necessidade de conhecer os grupos da comunidade escolar e refletir sobre o funcionamento deles. Buscar elementos que possam auxiliar na compreensão do papel que cada um exerce dentro do grupo pode dar um pouco mais de trabalho, entretanto, com esse olhar refinado para os diferentes grupos, o trabalho da coordenação pedagógica tem muito a ganhar. Sabendo quem são os parceiros certos, aqueles com os quais se pode contar em diferentes situações, o coordenador pedagógico tende a desenvolver seu trabalho com mais tranquilidade. É assim, por exemplo, quando percebe que um determinado professor é reconhecido pelo grupo como aquele que desenvolve atividades de leitura de modo diferenciado e o coordenador pedagógico o convida para dividir suas experiências com os demais colegas durante uma reunião pedagógica. Ou ainda quando, diante da dificuldade de lidar com as brigas dos alunos na escola, convida aquele pai de um dos alunos da escola que é psicólogo e está disposto a ministrar uma palestra sobre comportamentos agressivos naquela faixa etária. Ocorre também quando abre espaço para esclarecer junto aos alunos quem são os responsáveis pelos diferentes assuntos tratados no âmbito da escola, de que modo eles podem participar na tomada de decisão em algumas situações, e quais são seus direitos e seus deveres, ou seja, qual é o papel de cada um na dinâmica escolar. Reconhecendo as potencialidades e as fragilidades dos grupos com os quais lida, o coordenador pode realizar encaminhamentos que serão produtivos para o trabalho pedagógico.

Coordenar professores alfabetizadores...

Muito se tem falado sobre a atual crise no processo de alfabetização, conforme proposto pela escola. Todavia, não cabe ao coordenador pedagógico desenvolver na sala de aula o trabalho direto com o aluno. Qual seria então seu papel neste processo? Antes de mais nada, é preciso reconhecer que o coordenador deve entender de alfabetização; do contrário, como tratar de questões pertinentes ao assunto sem conhecê-lo? Muitas são as dificuldades enfrentadas por aqueles que se aventuram no trabalho de coordenação pedagógica nos anos iniciais do ensino fundamental sem que tenham tido alguma formação em alfabetização, pois ficam sem argumento diante de sua equipe e os seus encontros de formação e de reflexão acabam por se tornar um grande lamento sem propostas para a solução dos problemas.

Não se trata de afirmar que os coordenadores pedagógicos que estão atuando nos anos iniciais sem esta formação estejam realizando um trabalho sem qualidade ou que devam retirar-se para ingressar em outro segmento. O que se põe em discussão é a necessidade de buscar esse conhecimento que não foi contemplado em sua formação inicial. Aliás, há que se destacar a necessidade de todos os profissionais envolvidos com a alfabetização buscarem continuamente conhecer o tema; com mais razão aqueles que atuam neste segmento e não possuem formação para tal.

Sempre é possível aprender e, para tanto, muitos canais estão disponíveis: cursos, grupos de estudos, leituras sobre o tema, observação e análise sobre a prática docente etc. No caso do coordenador pedagógico, é preciso que, além do conhecimento sobre alfabetização, ele possa atuar junto à sua equipe de modo a perceber suas fragilidades e propor estratégias que possam auxiliar os professores em sala de aula. Não basta, por exemplo, identificar que um determinado professor está com dificuldade para fazer que seus alunos aprendam. É preciso detectar qual é essa dificuldade, especificamente, e propor reflexões que apontem caminhos possíveis para o avanço dos alunos no processo de aprendizagem, ou seja, é necessário que saiba realizar intervenções pontuais junto aos professores. Portanto, o coordenador pedagógico deve ter um olhar sensível e refinado para sua equipe; deve também dispor de um bom repertório sobre o processo de alfabetização para que seja possível estabelecer relações entre aquilo que observa na atuação de um professor, os conhecimentos de que dispõe sobre o assunto e as possibilidades específicas da sala de aula.

Um jeito de concluir...

> A criança só sabe viver sua infância. Conhecê-la, cabe ao adulto. Mas o que prevalecerá neste conhecimento: o ponto de vista do adulto ou o da criança?
>
> Henri Wallon

Parafraseando Wallon na epígrafe acima, poder-se-ia dizer que ao aluno cabe aprender; conhecer "como se aprende" cabe aos profissionais da educação, entre os quais o coordenador pedagógico. E isto não se pode perder de vista, já que muitas são as atribuições da coordenação pedagógica e, consequentemente, muitos são os desafios a enfrentar no cotidiano escolar. Deve-se ter clareza, entretanto, de que toda essa estrutura existente na escola tem como propósito final a aprendizagem do aluno. É por isso que, em meio às intensas ações cotidianas, cabe uma pausa para avaliar se:

- o caminho que está sendo trilhado terá como ponto de chegada a aprendizagem do aluno, ou seja, o aluno está aprendendo?
- o trabalho então realizado pela coordenação pedagógica está atendendo às necessidades de sua equipe docente?

- a comunidade escolar está ciente das propostas do trabalho pedagógico?
- há espaços para a participação efetiva desta comunidade escolar?

Há mais perguntas do que respostas a nortear o trabalho da coordenação pedagógica. E isto é salutar! São muitas as especificidades das escolas, e diferentes são os propósitos de cada projeto político pedagógico. Mas, ainda que haja diferenças no modo de atuar, todos têm um mesmo fio condutor, ou seja, propiciar a aprendizagem de seus alunos.

Um manual com respostas a todas as perguntas é extremamente útil para lidar com situações estáticas (se é que elas existem) e máquinas de pouca complexidade, o que não se aplica ao trabalho do coordenador pedagógico. Por esse motivo, as reflexões aqui apresentadas tiveram como propósito discutir algumas questões na perspectiva da coordenação pedagógica. Se as mesmas questões fossem discutidas a partir dos pontos de vista dos professores, das famílias, dos alunos, dos gestores, as ideias expostas apresentariam variações. Mas é assim que tecemos a trama da educação: identificando, refletindo e reformulando essas diferentes perspectivas para que, a partir delas, outras discussões possam acontecer. É um processo cíclico, um contínuo ir e vir. E a cada vez que o mesmo assunto é tratado (por diferentes autores, de diferentes perspectivas) é possível dialogar com as propostas de modo a concordar em alguns aspectos, discordar em outros ou apresentar formas diversas de pensar sobre elas. Esse é o movimento necessário para que o trabalho pedagógico seja realizado de forma a obter resultados satisfatórios para todos os envolvidos no processo. Erros e fragilidades não devem ser escondidos e muito menos reprimidos, mas tematizados com o intuito de buscar possibilidades para superá-los.

Para o encerramento desta reflexão, cabem bem as palavras proferidas por Descartes:

O meu intento não é ensinar aqui o método que cada qual deve seguir para bem conduzir a sua razão, mas somente mostrar de que maneira procurei conduzir a minha (apud SANTOS 1989, p. 11).

Referências bibliográficas

ANDRÉ, Marli Damalzo Afonso, VIEIRA, Marili M. da Silva. O coordenador pedagógico e a questão dos saberes. In: ALMEIDA, Laurinda Ramalho de, PLACCO, Vera M. N. S. O coordenador pedagógico e questões da contemporaneidade. São Paulo, Loyola, 2007.

GALEANO, Eduardo. O livro dos abraços. Porto Alegre, L&PM, 2007.

LIBÂNEO, José Carlos. Organização e gestão da escola: teoria e prática. Goiânia, Alternativa, 2004.

MOITA, Maria da Conceição. Percursos de formação e de trans-formação. In: NÓVOA, Antonio (org.). Vidas de professores. Porto [s.n.], 2007.

MORIN, Edgar. Os sete saberes necessários à educação do futuro. São Paulo/Brasília, Cortez/Unesco, 2007.

SANTOS, Boaventura de Souza. Introdução a uma ciência pós-moderna. Rio de Janeiro, Graal, 1989.

WALLON, Henri. Os meios, os grupos e a psicogênese da criança. In: WEREBE, Maria José Garcia, NADEL-BRULFERT, Jacqueline. Henri Wallon. São Paulo, Ática, 1986.

6

O coordenador pedagógico e o desafio de articular as ações pedagógicas no ciclo II do ensino fundamental: algumas possibilidades

Moacyr da Silva[1]
moacyr.silva@oswaldocruz.br

A Lei nº 11.274, de 16 de maio de 2005, altera a redação dos artigos 29, 30, 32 e 87 da Lei nº 9.394, de 20 de dezembro de 1996, e dispõe sobre a duração de nove anos para o ensino fundamental, com matrícula obrigatória a partir dos 6 anos de idade.

Para melhor explicitação, retomo o estabelecido na resolução da Câmara de Educação Básica do Conselho Nacional de Educação — Resolução CEB/CNE nº 3/2005 — a respeito da organização do ensino fundamental de nove anos e da educação infantil, que passa a adotar a seguinte nomenclatura:

---

[1]. Diretor do ISE e FFCL das Faculdades Oswaldo Cruz; doutor pelo Programa de Psicologia da Educação da PUC-SP.

Etapa de ensino	Faixa etária prevista	Duração
Educação infantil	Até 5 anos	
Creche	Até 3 anos	
Pré-escola	4 e 5 anos	
Ensino fundamental	Até 14 anos	Nove anos
Anos iniciais	De 6 a 10 anos	Cinco anos
Anos finais	De 11 a 14 anos	

Para melhor atender à implantação da nova regulamentação legal, a Secretaria da Educação do estado de São Paulo estabeleceu dois ciclos. O ciclo I, que abrange a faixa etária dos 6 aos 10 anos, com ensino do 1º ao 5º ano, e o ciclo II, para os pré-adolescentes de 11 a 14 anos, com o ensino do 6º ao 9º ano.

Tais medidas denotam uma nova postura política quanto à obrigatoriedade e à permanência por mais tempo na escola da criança e do adolescente.

À vista do exposto acima, o objetivo principal deste texto é dialogar e refletir com os coordenadores pedagógicos a respeito das novas exigências em relação à escola e de uma nova postura, em especial a da articulação dos ciclos propostos.

Inicialmente, convém ressaltar a todos os que atuam na instituição escolar que a mudança não significa simplesmente o acréscimo de uma série, ou ainda a transferência dos conteúdos da primeira série tradicional para as crianças de 6 anos. É fundamental que o coordenador pedagógico, como elemento da equipe de direção, possa instigar discussões sobre as novas exigências legais, que desafiam a construção de uma nova escola. Em diversos países do mundo e também no Brasil, a literatura pedagógica tem demonstrado preocupação com maior escolaridade, uma vez que esta vem sendo considerada uma das principais políticas de desenvolvimento da cidadania, ao promover a melhoria da saúde, contribuir para a diminuição da violência e possibilitar melhores condições de engajamento no mercado de trabalho.

Alguns estudos, no entanto, tem exaustivamente demonstrado que a escola que aí está não tem acompanhado as aceleradas mudanças político-sociais, econômicas, científicas e tecnológicas de nosso tempo.

A exemplo de outras sociedades mais desenvolvidas, exige-se que a criança permaneça por mais tempo na escola, de preferência em período integral e por mais anos de escolaridade. Essas considerações implicam, pois, o desafio de pensar em uma nova escola que corresponda a esse novo cenário social.

O coordenador pedagógico tem excelente oportunidade para instigar, desafiar o coletivo da escola para o compromisso com essa nova realidade. O projeto político pedagógico apresenta-se como o passo inicial relacionado a essa construção. Em sua elaboração, a ênfase entre os "níveis", as séries e os anos de escolaridade deve estar presente como diretriz político-pedagógica da escola em seu conjunto.

Embora aqui nossas reflexões estejam voltadas para a articulação do Nível II, do 6º ao 9º anos, isto não significa fragmentar nosso olhar e perder a visão de totalidade da "nova escola". Também o trabalho de articulação do coordenador pedagógico com o coletivo dos professores implica que estes tenham um domínio ou uma preocupação com os estudos da psicologia do desenvolvimento da criança e do adolescente, em relação à inteligência, à linguagem, à comunicação, ao processo de aprendizagem, à socialização etc. É preciso apoiar-se em fundamentos teóricos para que possam assumir, analisar e compreender sua práxis de uma forma global e integrada.

No ensino, ou melhor, na chamada escola tradicional, muito se enfatizou a 5ª série como uma passagem complexa, com uma ruptura no processo de ensino–aprendizagem. Das relações com um professor polivalente, a criança passava a se relacionar com vários professores, com várias mudanças e vários tempos, métodos e disciplinas, por exemplo. Muitas se sentiam inseguras em relação às ordens e solicitações, outras buscavam em um ou outro professor um ponto de ancoragem. Os professores constantemente reclamavam da "indisciplina" e da "imaturidade" das turmas, resultado da fragmentação, da ruptura da passagem da 4ª para a 5ª série. Não significa, agora, que tais dificuldades serão automaticamente superadas na transição para a 6ª série, pois as questões de adaptação dos alunos continuarão a existir. A expectativa dos professores das diversas disciplinas é que os alunos estejam plenamente alfabetizados, dominem conteúdos mínimos de matemática, estudos sociais e ciências e tenham desenvolvido capacidades de leitura e escrita em todas as áreas.

O que propomos ao coordenador pedagógico é o cuidado de, visualizando o conjunto dos níveis, poder planejar e atuar de forma articulada o que tradicionalmente se intitulou integração vertical e horizontal das séries ou dos anos de escolaridade entre si. Muito se propôs, mas pouco se realizou. O que se constatou e ainda se observa é uma fragmentação, tanto de uma série para outra quanto das disciplinas numa mesma série ou turma.

O olhar e a atuação do coordenador pedagógico para esta nova escola deve estar atento e comprometido com a efetivação desta proposta. Ela deve partir da elaboração do projeto político pedagógico da escola com o envolvimento do coletivo dos profissionais que nela atuam.

É evidente que para isso estamos conscientes da necessidade de uma política educacional que possibilite e dê garantia à autonomia da escola. A questão da autonomia da escola, já apresentada no histórico documento de 1932 que ficou conhecido como "Manifesto dos Pioneiros da Educação Nova"[2], ganha força e incentivo com a Lei nº 9.394/96, quando estabelece "[...] como incumbência primordial da escola a elaboração e execução de uma proposta pedagógica" (AZANHA 2006, p. 93).

Portanto, as instituições escolares têm autonomia legal para se (re)inventar, para se (re)construir, para se (re)atualizar, para que possam atender a reivindicações das mudanças legais propostas.

---

2. Recomendamos a leitura de *A formação do professor e outros escritos*, de José Mário Pires AZANHA (ver Referências bibliográficas).

O coletivo dos educadores, com a coparticipação dos integrantes da equipe de direção da escola, com destaque para a coordenação pedagógica, como primeiro passo para pensar a articulação, a integração vertical e horizontal, deverá traçar os objetivos gerais da unidade escolar e os objetivos específicos para cada série, classe ou turma, obviamente partindo da tão evidenciada "pesquisa da comunidade", da clientela escolar etc. Retomo a experiência de renovação pedagógica da qual participei como orientador pedagógico na década de 1960[3] denominada "Ensino vocacional", que, embora distante no tempo, transcende à época como princípio pedagógico e contribuição para a atualidade.

> [...] foi um planejamento (a partir de um estudo feito) sobre a futura clientela, sobre as mães dos alunos, sobre o índice de democratização da cidade. Era um trabalho muito sério. Essa pesquisa foi discutida e a partir dela estabelecemos os objetivos [...] (BALZAN, apud ROVAI 1996, p. 110-111).

Tratava-se do passo inicial para a construção de uma nova escola para a comunidade de Americana. Enfatizamos, portanto, a definição dos objetivos que todos deverão efetivamente trabalhar como tomada de decisão inicial para o desafio da articulação entre as séries.

O mesmo diz respeito aos objetivos específicos, do ano, das turmas, das classes etc. Cada série, cada classe tem características específicas de desenvolvimento, de relações interpessoais, de dinâmicas motivacionais etc.

Trabalhar coletivamente na construção do projeto pedagógico, no estabelecimento dos objetivos educacionais também manifesta a disponibilidade de mudança e crescimento de cada participante do grupo. Isto implica, por exemplo, que cada professor, independentemente de sua disciplina, perceba a escola em seu conjunto, com suas características próprias, diferentes das demais. Não significa

---

3. A este respeito recomendamos a leitura de *A formação do professor centrada na escola*, de Moacyr da SILVA, e de *Ensino vocacional*: uma pedagogia atual, de Esméria ROVAI (ver Referências bibliográficas).

em absoluto, neste nível do 6° ao 9° ano de escolaridade, renegar o domínio do conteúdo específico que cada professor deverá desenvolver em relação à sua disciplina, o que dá margem a enfatizar aqui um outro princípio a ser observado na proposta de articulação, o da organização curricular. Esta poderá ser muito mais flexível e planejada com muita criatividade, indo muito além da tradicional. A título de exemplo, pode se organizar em torno de unidades pedagógicas, unidades didáticas, problematização dos conteúdos, integração dos conteúdos, projetos políticos e sociais. Novamente cito a importância do coordenador pedagógico no incentivo ao corpo docente na busca das melhores e mais criativas formas de organização curricular. Busco na experiência do Vocacional o trabalho com a integração das disciplinas através das Unidades Pedagógicas:

> [...] toda a proposição da Unidade Pedagógica tem sido através de problemas da realidade sociocultural que, apresentada aos alunos, estimulam o pensamento na busca de elementos que venham esclarecer ou responder à questão (BOULOS 1969, p. 90, in ROVAI 2005, p. 57).

Tratava-se de uma proposta inovadora tanto para os professores quanto para os alunos, que se tornavam coautores do currículo, pois participavam ativamente no planejamento e no desenvolvimento da Unidade Pedagógica. Estava implícita, ainda, a ideia de que aprendizagem significativa deve ser contextualizada, como defendem hoje teóricos como Perrenoud (1999) e Ramos (2001).

Nos exemplos propostos, tal como na coordenação pedagógica, todos eles contemplam um outro importante princípio de articulação, o da interdisciplinaridade[4]. Em todas estas novas estratégias a interdisciplinaridade e a transdisciplinaridade estão presentes[5].

---

4. A este respeito ler *O coordenador pedagógico e os desafios da educação*, de Moacyr da SILVA (ver Referências bibliográficas).
5. Também para a interdisciplinaridade ver *O coordenador pedagógico e os desafios da educação*, de Moacyr da SILVA (ver Referências bibliográficas).

Incentivar o trabalho coletivo na busca de novas estratégias para abordar os conteúdos deve ser mais um compromisso do coordenador pedagógico e da equipe de direção.

O eixo de articulação dessas novas propostas é a interdisciplinaridade, uma nova maneira de enxergar a ciência e seu desenvolvimento. Muitas vezes os educadores ficam presos ao "tradicional", acreditando que os conteúdos de suas disciplinas passarão a um plano inferior, ou defendem-se argumentando que não darão conta de desenvolver todo o conteúdo esperado naquela série, naquele ano.

Com a proposta de autonomia da escola há a possibilidade de criar, de ousar na construção de um projeto político pedagógico inovador. Cito novamente os Ginásios Vocacionais, nas décadas de 1960 e 1970, os Colégios de Aplicação da USP e de outras universidades, de algumas unidades experimentais, como a Escola Estadual Dr. Edmundo de Carvalho, no bairro da Lapa, na capital de São Paulo, como exemplos de propostas pedagógicas inovadoras e revolucionárias, que as caracterizavam como escolas diferenciadas[6]. Em todas elas a equipe de direção e seus coordenadores pedagógicos exercem papel fundamental na articulação dos conteúdos, das séries e dos educadores que nelas atuavam. A formação continuada que se dava na própria escola era um verdadeiro exercício de transformação, em que os professores construíam sua identidade de educadores comprometidos com os novos desafios.

Novamente lembro a experiência do Ginásio Vocacional (SILVA 2002). O conhecimento era trabalhado em seu todo, em seu conjunto, e não de forma fragmentada. Todas as atividades de sala de aula ou fora dela, atualmente intituladas extracurriculares, ou temas transversais, para nós eram atividades curriculares. Estavam vinculadas aos conteúdos, aos conceitos e aos objetivos que cons-

---

6. O texto da professora Laurinda Ramalho de ALMEIDA, neste mesmo livro, demonstra esta proposta.

tituíam as dimensões filosóficas, psicológicas e socioantropológicas que embasavam o currículo.

Evidencia-se, assim, a possibilidade de articular os conteúdos numa mesma série e ao longo dos anos subsequentes, numa perfeita dinâmica da interdisciplinaridade. Ressalva-se, ainda, que a escola também passa a ser *locus* de formação continuada do professor quando este apresenta abertura e flexibilidade pessoal e profissional para ousar e acreditar que com o comprometimento e o engajamento de todos é possível construir uma escola diferenciada.

Como bem explicita Almeida (2001), há outra questão a considerar: a amplitude do olhar. Ou seja, há um olhar imediato de curto alcance, um olhar que nos faz chegar às pessoas e aos problemas do cotidiano. Mas há outro olhar, mais amplo, que nos faz projetar o futuro, o que se deseja construir a médio prazo com a coordenação pedagógica.

Outra dimensão fundamental no processo de articulação ao qual o coordenador pedagógico deve estar atento diz respeito à avaliação. Elemento presente na articulação progressiva dos conteúdos e das séries entre si, merece um capítulo à parte. Para instigar o debate e a reflexão do coordenador pedagógico com o coletivo dos professores de cada unidade, vale apresentar alguns temas.

Inicialmente, é preciso pôr em discussão a defesa de muitos professores da "nota", do "conceito", como recurso para a manutenção da disciplina na sala de aula. A avaliação, no entanto, não deve substituir importantes recursos motivacionais e ser utilizada como instrumento de controle e garantia da disciplina na aula.

Outro tema refere-se à representação dos professores de que a reprovação é um dos meios ou recursos de garantia da melhoria da qualidade do ensino. Uma justificativa frequente que se tem observado nos conselhos de classe ou série por parte dos professores é que a reprovação do aluno possibilitará a recuperação de seu desempenho, um melhor domínio dos conteúdos trabalhados naquele ano.

A avaliação e a autoavaliação devem ser consideradas processos contínuos, não desvinculados do processo de ensino–aprendizagem[7]. Os resultados precisam ser considerados como critérios para a avaliação do projeto pedagógico e da escola.

É fundamental que o coordenador pedagógico provoque discussões fundamentadas sobre os determinantes da melhoria do rendimento escolar, com foco na confiança do professor na capacidade do aluno de aprender, em suas potencialidades de desenvolvimento, incentivando os questionamentos e a expressão de incertezas e dúvidas.

A autoavaliação do professor em comparação com os resultados da avaliação externa — Sistema de Avaliação da Educação Básica (SAEB), Sistema de Avaliação do Rendimento Escolar do Estado de São Paulo (SARESP), Exame Nacional do Ensino Médio (ENEM) etc. — também é um elemento fundamental para a análise da práxis.

As discussões em torno do tema avaliação não podem deixar de levar em consideração as questões éticas imbricadas no processo de atribuir valores. É preciso levar em conta os resultados da avaliação como um importante elemento para a análise sobre as desigualdades na escolarização dos alunos das diferentes camadas sociais.

Outros temas poderão emergir da discussão em cada unidade escolar.

Referências bibliográficas

ALMEIDA, Laurinda R., PLACCO, Vera M. N. S. (org). *O coordenador pedagógico e o espaço da mudança*. São Paulo, Loyola, 2001.

AZANHA, José Mário P. *A formação do professor e outros escritos*. São Paulo, Senac, 2006.

PERRENOUD, Philip. *Construir competências desde a escola*. Porto Alegre, Artmed, 1999.

RAMOS, M. N. *A pedagogia das competências*: autonomia ou adaptação. São Paulo, Cortez, 2001.

---

7. Para uma visão diferenciada da avaliação como processo, recomendamos a leitura do capítulo 3: Avaliação emancipativa nos Ginásios Vocacionais, de *Ensino vocacional*: uma pedagogia atual, de Esméria ROVAI (ver Referências bibliográficas).

ROVAI, Esméria. *As cinzas e a brasa — Ginásios Vocacionais:* um estudo sobre o processo de ensino-aprendizagem na experiência pedagógica do Ginásio Estadual Vocacional "Oswaldo Aranha" — 1962 a 1969. Tese (Doutorado). São Paulo, Pontifícia Universidade Católica, 1996.

_____. (org.). *Ensino vocacional:* uma pedagogia atual. São Paulo, Cortez, 2005.

SILVA, Moacyr. *A formação do professor centrada na escola.* São Paulo, EDUC, 2002.

TARDIF, Maurice. *Saberes docentes e formação profissional.* Petrópolis, Vozes, 2002.

7

A coordenação pedagógica e a educação de jovens e adultos

Francisco Carlos Franco[1]
franciscofranco@itelefonica.com.br

Nos últimos anos o debate sobre a educação de jovens e adultos (EJA) tem se aprofundado em nosso país com o intuito de buscar alternativas para propiciar aos alunos desta modalidade de ensino uma aprendizagem significativa e que atenda às especificidades, necessidades e expectativas dos educandos.

Vários estudos têm explicitado a necessidade de pensar na EJA como uma forma de proporcionar uma educação de qualidade aos alunos e reverter, pelo menos parcialmente, o quadro de exclusão que estes estudantes vivenciaram em sua trajetória e que, por razões políticas, sociais, econômicas e históricas, os fizeram ficar afastados dos sistemas regulares de ensino.

---

1. Doutor em educação; psicologia da educação pela PUC-SP; coordenador da Pós-Graduação na Faculdade Unida de Suzano (Unisuz – Suzano, SP) e professor do Programa de Mestrado em Semiótica, Tecnologias da Informação e Educação da Universidade Braz Cubas (Mogi das Cruzes, SP); assessor e formador em projetos de formação continuada em prefeituras.

Nessa perspectiva, podemos considerar que

[...] a EJA pode ser uma maneira a mais de fazermos um pouco de justiça ao imenso contingente de homens e mulheres que neste país foram alijados do processo educativo. Alijamento este que, sem dúvida, teve um papel decisivo na história de vida destas pessoas e, em consequência, no alto grau de injustiça social e de exclusão em que hoje vivem milhões de brasileiros e brasileiras. De outro lado, não se trata apenas de cumprimento de uma obrigação formal de fazer uma "reparação de danos", até porque alguns são irreparáveis. Contudo, trata-se sim de estabelecer uma relação de fraternidade e solidariedade com estas pessoas que não só foram privadas de aprender a ler e a escrever como tiveram sonegada de si uma dimensão importante de suas vidas, que é, segundo Rousseau, o direito ao "segundo nascimento": o nascimento para a cultura através do direito de estudar na escola (BARCELOS 2006, p. 89).

Porém, para que este direito ao estudo, mesmo que de forma tardia, seja efetivamente concretizado e proporcione aos alunos da EJA uma educação consistente e significativa, é preciso rever os processos formativos dos docentes que atuam junto à EJA. Como destaca Gadotti (2006), na formação dos professores não se tem observado uma preocupação com o campo específico da EJA, seja em cursos de pedagogia, seja nas demais licenciaturas.

Essa ausência da reflexão sobre a EJA nos cursos de formação inicial dos docentes compromete a ação futura do educador, uma vez que a realidade e a experiência do adulto são diferentes das vivenciadas pelas crianças, o que exige uma ação educativa que observe as características dos jovens e adultos que procuram a escola e valorize seus saberes, experiências e vivências, e se revelem no processo educativo.

Por causa da falta de uma formação voltada para a realidade dos jovens e adultos que frequentam as salas da EJA, os professores acabam por recorrer a práticas e saberes voltados para crianças e adolescentes de classes regulares da educação básica, alunos que estão no tempo adequado de suas vivências escolares, o que nos leva a refletir que

> O aluno adulto não pode ser tratado como uma criança cuja história de vida apenas começa. Ele quer ver a aplicação imediata do que está aprendendo. Ao mesmo tempo, apresenta-se temeroso, sente-se ameaçado, precisa ser estimulado, criar autoestima, pois a "ignorância" lhe traz tensão, angústia, complexo de inferioridade (GADOTTI 2006, p. 39).

Os comportamentos acima explicitados são comuns em salas da EJA, pois muitos alunos, em virtude de experiências passadas de fracasso e/ou de exclusão, desenvolvem bloqueios e inseguranças em relação à escola e ao seu processo de aprendizagem.

Todos esses dilemas e peculiaridades da EJA, além de tantos outros, evidenciam a necessidade de buscar alternativas em todas as instâncias dos sistemas de ensino, entre elas no âmbito da unidade escolar. Neste breve ensaio iremos abordar dois aspectos que consideramos essenciais para que as unidades escolares repensem o trabalho educativo com jovens e adultos:

- A construção de um projeto específico para a EJA.
- A formação continuada dos docentes com foco na EJA e na realidade da unidade escolar e a articulação do projeto da EJA e dos momentos de formação continuada dos professores em reuniões pedagógicas.

1. O projeto para a educação de jovens e adultos

> Valorizar a autonomia é desenvolver responsabilidades, comprometer e realizar, *na prática, a experiência de ser parte e todo ao mesmo tempo.*
>
> Lino de Macedo

O cenário da educação na atualidade tem imposto às escolas uma série de desafios que são fruto, em muitos aspectos, de mudanças que foram se efetivando nas últimas décadas em nosso país pela exigência de novas formas de organização social, econômica e política, mudanças que afetam o campo educacional e sinalizam para a necessidade da escola de repensar seu papel e os encaminhamentos que desenvolve na formação dos alunos.

Nesse contexto, reconhecemos que é difícil fazer ou pensar na EJA sem um projeto, ou seja, uma direção que norteie o trabalho da escola, numa perspectiva democrática e com ampla participação da comunidade.

Vale lembrar que um projeto voltado para a EJA deve estar em sintonia com o projeto político pedagógico da unidade escolar, que é a referência para que os projetos das diversas dimensões que compõem a realidade da escola sejam efetivados.

Para Alvarez (2004), um projeto educacional permite à unidade escolar e, em nosso caso específico, aos profissionais que atuam junto à EJA desempenhar um papel fundamental como instrumento na tomada de decisões, tendo como funções primordiais:

- harmonizar a diversidade, uma vez que contempla os interesses e intenções de todos os envolvidos na busca de consenso para os assuntos substanciais e programáticos;
- ser o elemento de referência que orientará as ações e dará identidade ao grupo e sistematizar as ações e a organização do trabalho;
- garantir a participação de forma organizada e eficaz e proporcionar a responsabilidade de todos na tomada de decisões e o papel de cada um para o planejamento, a implantação, o desenvolvimento e a avaliação do projeto;
- criar âmbitos de negociação para a tomada de decisões, pois o projeto tem também a função de ser um instrumento de consenso dos desejos, anseios e necessidades daqueles nele envolvidos.

Esses são alguns dos aspectos que evidenciam a necessidade e a pertinência de se desenvolver um projeto para a EJA, que pode ser construído com a orientação de uma liderança que articule o grupo, o que normalmente é realizado pela equipe diretiva da escola, em especial pelo coordenador pedagógico, profissional que pela própria especificidade de sua função tem um contato mais direto com os docentes e alunos e acompanha de maneira mais próxima o processo de ensino–aprendizagem de todas as salas.

Sob a liderança do coordenador pedagógico, o grupo pode aprofundar suas reflexões sobre quais serão os parâmetros que orientarão o projeto da EJA, podendo ser contempladas algumas dimensões, entre as quais destacamos:

- Conhecer os alunos. Levar em conta suas singularidades, as condições de vida e de trabalho que vivenciam, seus desejos, necessidades, expectativas, dificuldades etc. em face de sua vida pessoal e sua relação com a escola.
- Pensar o currículo, os programas e métodos de ensino com o objetivo de proporcionar uma aprendizagem significativa por meio de propostas que contemplem temas como cultura, meio ambiente, qualidade de vida, relações sociais, trabalho, cidadania, consumo, entre outros.
- Valorizar no processo educativo a cultura dos alunos e a cultura local em que estão inseridos.
- Estabelecer parâmetros para uma relação entre professor e aluno humanizada, com atitudes e posturas pautadas pelo diálogo, pelo respeito mútuo, pela confiança, pela ética etc.
- Reconhecer a dimensão política da ação educativa (FREIRE 1999).
- Pesquisar e buscar relacionar com a prática educativa o processo de aprendizagem do adulto. Entender quais são os processos que favorecem sua aprendizagem e proporcionam um melhor encaminhamento das ações educativas, como a função da memória, a metacognição, a contribuição do grupo no processo de ensino–aprendizagem (PLACCO, SOUZA 2006), entre outros.
- Proporcionar encaminhamentos e ações que favoreçam o desenvolvimento da autoestima dos alunos e o reconhecimento da educação como meio de desenvolvimento pessoal e social.

Esses são alguns parâmetros que podem servir como fundamentos para a construção do projeto da EJA, entre tantos outros que se mostrarem relevantes no contexto da escola. Cabe à unidade escolar fazer uma avaliação de quais são os dilemas e impasses que se apresentam em sua realidade, uma vez que

> Cada escola é o resultado de um processo de desenvolvimento de suas próprias contradições. Não existem duas escolas iguais [...]. Por isso, não deve existir um padrão único que oriente a escolha do projeto em nossas escolas. Não se entende, portanto, uma escola sem autonomia para estabelecer seu projeto e autonomia para executá-lo e avaliá-lo (GADOTTI 2001, p. 35).

É importante destacar que a pluralidade de vivências e histórias de vida tão diversas presentes no contexto escolar constitui um elemento essencial na construção do projeto da EJA, pois a multiplicidade de trajetórias, com diferentes experiências, contribui para a análise da realidade e as propostas de superação das dificuldades e/ou entraves que a escola enfrenta em seu cotidiano na EJA.

Nesse contexto, destaca-se a figura do coordenador pedagógico, que é imprescindível no acompanhamento da implantação, do desenvolvimento e dos momentos avaliativos do projeto para a EJA da unidade escolar e por ser a pessoa que convive cotidianamente com as várias dimensões que compõem os processos de ensino–aprendizagem e com os projetos educativos que a escola desenvolve.

Conhecer os alunos e docentes, a comunidade local, os funcionários e suas funções e responsabilidades, a rotina dos trabalhos administrativos e pedagógicos são aspectos, entre outros, que possibilitam ao coordenador pedagógico liderar o grupo de docentes e acompanhar os processos de ensino–aprendizagem dos jovens e adultos de forma mais efetiva, pois as diversas ações que acontecem no cotidiano de uma escola interferem nos processos educativos.

Presenciamos na rotina escolar vários subprojetos, propostas, ações acontecendo de forma concomitante que, se não tiverem um acompanhamento efetivo, poderão comprometer o seu desenvolvimento, e que merecem a atenção do coordenador e de toda equipe de docentes.

O coordenador pedagógico pode utilizar vários instrumentos de acompanhamento do processo de ensino–aprendizagem, que serão referências a orientar o debate para que, de forma coletiva, se busquem opções para aprimorar o trabalho docente e auxiliar os educandos de acordo com as necessidades e dificuldades que evidenciam em sua aprendizagem.

Os aspectos que se mostrarem relevantes e necessitarem de um tempo maior para desencadear o processo de reflexão e de mudança poderão ser encaminhados nas reuniões pedagógicas realizadas na escola, pois são elas os espaços institucionalizados para que a coordenação pedagógica e os professores se encontrem para debater e refletir sobre os processos de ensino–aprendizagem que desenvolvem em sala de aula.

2. A formação continuada e as reuniões pedagógicas

> Como professor não me é possível ajudar o educando a superar sua ignorância se não supero frequentemente a minha.
> Não posso ensinar o que não sei.
>
> Paulo Freire

O espaço das reuniões pedagógicas constitui-se em uma das instâncias em que a construção do coletivo dos docentes se concretiza e que facilita o processo de mudança e de inovações no seio da escola, o que deve ser observado com atenção.

Em grande parte das escolas, as reuniões pedagógicas são lideradas pelo coordenador pedagógico, que tem como atribuição, entre outras atividades, a articulação dos docentes em espaços formativos, pois é o profissional que acompanha de maneira mais efetiva o trabalho dos docentes; assim,

> Parto da compreensão de que o coordenador pedagógico exerce um relevante papel na formação continuada em serviço, e esta importância se deve à própria especificidade de sua função, que é [...] planejar e acompanhar a execução de todo o processo didático-pedagógico da instituição (GEGLIO 2003, p. 115).

As reuniões com os professores são momentos relevantes para que se avaliem os processos de ensino–aprendizagem, tendo como referência o projeto para a EJA. Essas circunstâncias podem desvelar os avanços e sucessos, que são importantes referências para constatar quais ações estão alcançando os resultados esperados, assim como para refletir sobre os entraves, dificuldades, dúvidas e inseguranças que afetam os professores em seu cotidiano em sala de aula.

Tal procedimento deve ser conduzido de forma articulada entre o coordenador pedagógico e os professores, pois um dos fatores responsáveis pelo fracasso das reuniões pedagógicas em algumas unidades escolares é o fato de que alguns coordenadores pedagógicos, de maneira autoritária, encaminham os encontros e direcionam as discussões orientando-se apenas por sua percepção acerca das necessidades e dificuldades que os docentes encontram em seu cotidiano em sala de aula e pela efetivação do projeto educacional da escola.

Quando os professores são excluídos dos processos decisórios e avaliativos dos problemas que envolvem sua realidade como profissionais no contexto escolar, geralmente não legitimam os encaminhamentos impostos pela coordenação pedagógica nas reuniões pedagógicas. Em muitos momentos os docentes sentem que o foco do debate não está em consonância com suas reais dificuldades e/ou necessidades, e que o teor do encontro em pouco ou nada os ajudarão a encontrar caminhos para estabelecer as mudanças que precisam efetivar.

Contemplar a atuação dos coordenadores pedagógicos como uma dimensão fundamental para a implantação de uma cultura democrática e participativa na escola requer rever os processos de gestão da escola pública que se implantaram nas redes de ensino e nas escolas por um longo período, principalmente a partir da década de 1970, como reflexo do regime militar que impregnou as diversas instituições públicas em nosso país; além disso, o

> [...] verticalismo em que as pessoas, em sua maioria, foram educadas com frequência é mantido ao assumirem a função diretiva de uma instituição escolar. Decidem-se pelo processo de participação, mas, ao serem atingidas por ele, recolhem-se sob a carcaça do poder, à semelhança da tartaruga ou do caramujo, quando tocados (DALMÁS 2002, p. 75).

Em consequência de posturas dessa natureza, instalou-se uma estrutura burocrática e centralizadora nas unidades escolares, que se orienta por um modelo clássico de administração empresarial, sendo a figura do coordenador pedagógico, como membro da equipe diretiva da escola, vista como a de uma pessoa que tem amplos poderes para determinar quais os melhores encaminhamentos para o desenvolvimento das reuniões com os professores.

Esse tipo de liderança autoritária que se instalou em muitas escolas desconsidera a diversidade e desqualifica os docentes, coibindo a iniciativa pessoal e deixando-os à margem do processo de planejamento e da elaboração, junto com a coordenação pedagógica, de um projeto de formação continuada em serviço que atenda seus anseios e necessidades e que também contemple a percepção do coordenador pedagógico dos processos de ensino–aprendizagem e das ações dos professores.

> [...] as reuniões pedagógicas vêm sendo apontadas como espaço privilegiado nas ações partilhadas do coordenador pedagógico com os professores, nas quais ambos debruçam-se sobre as questões que emergem da prática, refletindo sobre elas, buscando [...] novas respostas e novos saberes, ao mesmo tempo (TORRES 2001, p. 45).

Assim, contemplamos os encontros com os professores como momentos para o fortalecimento da equipe, "dando maior coesão e interação, e não apenas [como] o ajuntamento de profissionais que, por mais brilhantes que sejam, se não desenvolvem esta competência de trabalhar coletivamente, não garantem o processo emancipatório" (VASCONCELLOS 2002, p. 120).

Nesse sentido, espera-se que a coordenação pedagógica e os professores estabeleçam um processo colaborativo, que pode ter como orientação os seguintes pressupostos:

1) A escola como foco de processo "ação-reflexão-ação", como unidade básica de mudança, desenvolvimento e melhoria. Implantar uma inovação na escola não é o mesmo que fazer dela o sujeito e o objetivo da mudança. Portanto, é preciso promo-

ver a autonomia das escolas. Nesse sentido, [eis] as condições necessárias para que tal autonomia ocorra: capacidade de mudança e de promover a sua própria mudança; desenvolvimento progressivo; melhoria.

2) Para uma reconstrução da cultura escolar como objetivo não apenas final, mas também de processo, pois a escola deve aprender a modificar sua própria realidade cultural.

3) Aposta em novos valores. Em vez da independência, propor a interdependência; em vez do corporativismo profissional, a abertura profissional [...].

4) A colaboração, mais que uma estratégia de gestão, é uma filosofia de trabalho.

5) Não é uma tecnologia que se pode aprender, e sim um processo de participação, envolvimento, apropriação e pertença.

6) Respeito e reconhecimento do poder e da capacidade dos professores.

7) Redefinição e ampliação da gestão escolar (IMBERNÓN 2000, p. 81).

Com base nesses preceitos, as reuniões pedagógicas podem ter uma nova orientação, que pode ser efetivada em momentos distintos, entre os quais destacamos: horário de estudos, compartilhar experiências, resolução de problemas cotidianos e avaliação e reorientação do projeto da escola e do projeto para a EJA.

Horário de estudos

> Na medida em que o homem perde a capacidade de optar e vai sendo submetido a prescrições alheias que o minimizam, e as suas decisões já não são suas, porque resultados de comandos estranhos, já não se integra. Ajusta-se.
>
> Paulo Freire

É importante que no cronograma do projeto de formação continuada em serviço haja um espaço para o estudo de textos de assuntos pertinentes às necessidades apontadas pelos professores e pela coordenação pedagógica, com o intuito de propiciar aos docentes os elementos necessários para proporcionar aos alunos uma aprendizagem significativa e para o desenvolvimento do projeto da EJA.

Nesse sentido, os textos selecionados para leitura e posterior debate nas reuniões pedagógicas são importantes referências para pensar sobre o processo educativo, para retomar conceitos, ampliar conhecimentos e estabelecer um processo contínuo de reflexão, visto que "Não existe formação momentânea, formação do começo, formação do fim da carreira. Formação é uma experiência permanente, que não para nunca" (FREIRE 2001, p. 245).

Também é relevante destacar que a leitura de textos, no coletivo dos professores e da coordenação pedagógica, proporciona parâmetros para estabelecer um elo entre a teoria e a prática educativa com os alunos da EJA no cotidiano da escola, perspectiva de formação defendida por Paulo Freire no período em que foi secretário de Educação da Prefeitura de São Paulo, que tinha como orientação a formação continuada dos professores permeada:

> [...] no acompanhamento da ação – reflexão – ação dos educadores que atuam nas escolas; envolve a explicação e a análise da prática pedagógica, levantamento de temas de análise da prática que requerem fundamentação teórica e a reanálise da prática pedagógica considerando a reflexão sobre a prática e a reflexão teórica (FREIRE 2006, p. 81).

As reuniões pedagógicas que têm como orientação a leitura de textos, entre outros momentos e possibilidades, oportunizam a socialização das vivências, das experiências e dos saberes dos professores que foram se constituindo em sua trajetória pessoal e profissional. Inspirados pelo teor da leitura, estabelecem comparações, exemplificam, recordam fatos etc., que enriquecem o debate e ampliam a percepção do tema abordado e sua relação com a prática de sala de aula.

Momentos de formação de professores orientados por esses parâmetros ajudam a consolidar mudanças pessoais, grupais e institucionais, que mobilizam suas potencialidades para ajudar o coletivo a se constituir, da mesma forma que esse coletivo influencia a construção de sua subjetividade e as perspectivas de mudanças que sente que precisa efetivar.

Vale lembrar que, segundo Franco (2008), a ousadia manifesta apenas no âmbito individual tem pouca possibilidade de efetuar mudanças. Em grande parte das circunstâncias, a ousadia precisa do amparo e da legitimação do coletivo para ser encorajada, pois qualquer processo de mudança requer das pessoas coragem para revisitar e reavaliar seus valores, crenças e posicionamentos.

As reuniões são instantes dotados do potencial de desencadear este processo de ousadia e de coragem para engendrar mudanças, visto que a leitura de textos que se reportam às dificuldades evidenciadas pelos professores nos processos de ensino–aprendizagem na EJA, quando refletidas no conjunto com seus pares, que avaliam e buscam soluções para os problemas que enfrentam, encontram na pluralidade de olhares e percepções maiores possibilidades e alternativas para superar as dificuldades encontradas.

O compartilhar experiências

> A formação continuada deveria promover a reflexão dos professores, potencializando um processo constante de autoavaliação sobre o que faz e por que se faz.
>
> Francisco Imbernón

Uma estratégia que geralmente traz bons resultados nas reuniões pedagógicas é o compartilhar experiências das práticas docentes desenvolvidas na unidade escolar na EJA.

O compartilhar experiências é uma dinâmica em que os professores apresentam para os outros docentes e para a coordenação pedagógica relatos, dinâmicas, simulações etc. que se reportam às vivências que tiveram e aos saberes que desenvolveram em sua trajetória pessoal e/ou profissional, que servem como referências para a reflexão do grupo e se relacionam com as necessidades dos professores nos processos de ensino–aprendizagem junto aos jovens e adultos com que atuam.

O tema, a atividade, a proposta etc. compartilhados podem dar relevo a bons ou maus momentos, processo que é permeado por sentimentos e emoções em relação às vivências e experiências dos professores que, se bem dimensionados e debatidos com ética e respeito, se mostram como momentos significativos para todos os envolvidos.

Normalmente, grande parte dos docentes não tem espaço no contexto escolar para apresentar e partilhar com seus pares ações de sucesso que desenvolvem em sala de aula, e em muitos casos nem percebem o potencial educativo e as concepções que se evidenciam no momento em que compartilha sua experiência, o que faz destas circunstâncias uma oportunidade: "Na reflexão coletiva sobre a prática, o professor tem a possibilidade (através do registrar, explicitar, sistematizar, criticar e socializar) de tomar consciência deste saber que possui, mas que comumente não se percebe" (VASCONCELLOS 2002, p. 123).

A experiência relatada oportuniza a reflexão sobre as práticas docentes nos processos de ensino–aprendizagem na EJA, que podem revelar as teorias que fundamentam as ações, estabelecendo uma relação entre a teoria e a prática, desde que seja encaminhada e percebida como um processo dinâmico, ou seja, que não seja contemplada como uma simples reprodução mecânica de uma prática ou reproduzida de forma acrítica, uma vez que

> É importante lembrar a necessidade de se impedir a cristalização da experiência, congelando-a como modelo aplicável diretamente em outra realidade. Esses desvios devem ser evitados pelo confronto de várias experiências sobre um mesmo tema e pela discussão sobre a contribuição que esse conjunto de experiências daria em outros contextos (VALENTE 1996, p. 11).

Com receio de que os relatos de experiências servissem como receitas prontas para posterior aplicação de forma mecânica em outro contexto, muitos coordenadores pedagógicos procuraram evitar, nas reuniões pedagógicas, circunstâncias em que as experiências das práticas educativas dos docentes fossem foco dos debates.

O que talvez muitos coordenadores não tenham percebido é que o compartilhar experiências, quando orientado por um processo reflexivo, serve como referência para que os professores conheçam outras possibilidades e estratégias de ensino que até então não eram contempladas em seu trabalho como docentes.

A valorização das experiências pode proporcionar momentos ricos de reflexão e de debate dos professores sobre as ações educativas que realizam junto aos educandos, e levar a vislumbrar alternativas para redimensionar, quando necessário, sua atuação em sala de aula e os métodos e estratégias sob uma nova dinâmica que represente, por meio da adaptação e da adequação das experiências relatadas, uma reestruturação das aulas que ministra.

Nesse contexto, o compartilhar experiências em reuniões pedagógicas apresenta-se como uma excelente estratégia na formação dos professores em serviço, visto que

> [...] uma experiência de prática pedagógica é uma ação (ou conjunto de ações) desenvolvida no cotidiano escolar que merece reflexão, justamente por sua possibilidade de apropriação em outros contextos em que ela foi originalmente gerada. Tal reflexão, por certo, deve contextualizar a experiência e [...] a possibilidade de apropriação, pois é o que dá sentido à troca (VALENTE 1996, p. 10).

Vale lembrar que o relato de experiência deve ser fiel ao processo vivenciado, compreendendo todos os aspectos do momento, como as pessoas envolvidas, a situação concreta, os procedimentos e recursos utilizados, os resultados alcançados, as inadequações sentidas no processo, entre outros.

Para organizar todos esses elementos que constituíram e influenciaram a experiência, o ideal é que o relato seja sistematizado por meio de um roteiro:

> 1) As concepções que o relator tem de ensino, escola e da relação professor–aluno.
>
> 2) A contextualização, tomada como ponto de partida, considerando os elementos da realidade que estão na origem da experiência a ser narrada.

3) A descrição cuidadosa dos passos que envolveram a experiência dos atores envolvidos e as ações.

4) A identificação dos elementos positivos e negativos envolvidos na experiência, tais como: colaborações, superações, dificuldades, barreiras, enfim, todos os elementos que favoreceram ou dificultaram o trabalho.

5) A avaliação da experiência pedagógica vivida, ponderando o que permanece e o que muda no trabalho com essa experiência (VALENTE 1996, p. 12).

Quando as reuniões pedagógicas, entre outros encaminhamentos, são fruto de ações combinadas à luz do projeto da EJA e das avaliações realizadas pela comunidade escolar, a probabilidade de os encontros serem um momento significativo aumenta, dando segurança ao grupo no processo de inovação e criatividade, na busca de novos modelos mais apropriados à realidade da escola e dos alunos com que atuam.

Encontros para análise e planejamento de ações

> O homem não precisa parar para dizer aquilo que deve e como deve ser feito, mas fazê-lo e realizá-lo, simplesmente A escola precisa ocupar este espaço para que se tenham homens de ação, que sejam e que atuem sobre as coisas que aí estão.
>
> Lizete S. B. Maciel

Uma terceira possibilidade que apresentamos para a organização e o desenvolvimento de reuniões pedagógicas na escola é proporcionar aos docentes e à coordenação pedagógica circunstâncias para analisar a realidade, as dificuldades de aprendizagem dos alunos, as inseguranças e necessidades dos professores para o aprimoramento dos processos de ensino-aprendizagem e os projetos que estão em andamento e que foram referendados no projeto para a EJA da unidade escolar, por intermédio de

> [...] uma formação que seja capaz de estabelecer espaços de reflexão e participação, para que os professores "aprendam" com

a reflexão e a análise das situações problemáticas [...] e para que partam das necessidades democráticas, sentidas, do coletivo. Tudo isso para estabelecer um novo processo formador que possibilite o estudo da vida na sala de aula e nas instituições, os projetos de mudança e o trabalho colaborativo — todos representando o desenvolvimento fundamental da instituição educacional e dos professores (IMBERNÓN 2010, p. 42).

Nesse sentido, as reuniões pedagógicas podem ser momentos importantes para avaliar e refletir sobre o trabalho desenvolvido e para planejar metas e ações futuras para organizar o processo didático-pedagógico que se pretende implantar.

Todos os fatores que se revelarem impeditivos do bom andamento do processo de ensino–aprendizagem na EJA devem ser valorizados, desde aspectos mais amplos e abrangentes, como a filosofia da forma de atuar dos docentes, a cultura da escola etc., até problemáticas mais pontuais, como a dificuldade de aprendizagem de um aluno específico, entre outros.

A escola que tem como parâmetro uma cultura cooperativa e participativa deve se mobilizar para a solução de todos os impasses que se apresentarem em seu cotidiano. Neste sentido, a dificuldade de um professor em atuar com um aluno da EJA com carências de aprendizagem, por exemplo, deixa de ser uma questão a ser resolvida apenas pelo docente que vivencia a situação em sala de aula e passa a ser um desafio da escola. Os outros professores e a coordenação pedagógica devem se mobilizar na busca de alternativas para o sucesso escolar do educando.

Uma formação continuada em serviço que se orienta por esses preceitos considera o professor como sujeito, em um processo colaborativo entre os docentes e equipe diretiva da escola, que, em conjunto, se mobilizam para atender às demandas apontadas pelos docentes e que são vivenciadas em sua rotina na escola e na sala de aula, orientando-se por

> Uma perspectiva que considera as situações problemáticas educacionais surgidas da análise de um grupo como ponto de partida. Lembre-se que a formação sempre tentou "dar solução a pro-

blemas genéricos", e não a situações problemáticas específicas, vividas pelos professores. É importante unir a formação a um projeto de inovação e de mudança (IMBERNÓN 2010, p. 43).

O ideal é que estes momentos, o de leitura de textos, o compartilhar experiências e os espaços para análise e planejamento de ações, articulem-se entre si, relacionem-se com as práticas dos professores e reportem-se ao projeto da EJA e ao projeto político pedagógico da escola.

Outros momentos para o desenvolvimento das reuniões pedagógicas, além dos apresentados aqui, podem ser planejados para atender às necessidades específicas da escola e de seu projeto para a EJA. O importante é que os espaços das reuniões pedagógicas não sejam desperdiçados e que sirvam para a melhoria da qualidade de ensino, tendo sempre como referência o aprimoramento do processo de ensino–aprendizagem do aluno que frequenta as salas da EJA e o bom atendimento ao aluno e à comunidade.

Considerações finais

> Ao plantar gerânios vermelhos em meu terraço, recebi um abraço da vizinha, que disse: "Somente agora o prédio ficou bonito, porque há cinco anos ninguém plantava flores ali. Aos poucos, fui percebendo que, para os alemães, não basta uma casa ser bonita; é no conjunto delas que está a beleza.
>
> Margarete May B. Rosito

Uma ação educativa de sucesso na EJA no contexto escolar requer de todos os envolvidos no processo uma participação efetiva para a construção de um projeto que contemple o jovem e o adulto e seu processo de aprendizagem em suas singularidades e proporcione a essas pessoas uma educação de qualidade, crítica, criativa e sensível.

Porém, para que isto seja realidade, é necessário que as escolas articulem as ações educativas ao projeto da EJA, em processos de formação continuada que forneçam subsídios aos docentes para desencadear um processo significativo de ensino–aprendizagem junto aos educandos.

É nesse contexto que a figura do coordenador pedagógico se evidencia como fundamental na organização, no desenvolvimento e na avaliação do projeto da EJA e na mediação junto aos docentes dos impasses e dilemas que vivenciam na sala de aula, em processos de formação continuada em serviço, por meio de reuniões pedagógicas que visem a seu desenvolvimento pessoal e/ou profissional, entre outros espaços e tempos disponíveis na unidade escolar, para que consigam atuar de forma condizente com os sonhos, ansiedades e necessidades dos jovens e adultos.

Referências bibliográficas

ALVAREZ, Jaume et al. *O projeto educativo da escola*. Porto Alegre, Artmed, 2004.

BARCELOS, Valdo. *Formação de professores para a educação de jovens e adultos*. Petrópolis, Vozes, 2006.

DALMÁS, Angelo. *Planejamento participativo na escola*: elaboração, acompanhamento e avaliação. Petrópolis, Vozes, 2002.

FRANCO, Francisco C. *Reuniões pedagógicas*: aspectos práticos e teóricos. Texto mimeografado. São Paulo, 2008.

FREIRE, Paulo. *Pedagogia da autonomia*. São Paulo, Paz e Terra, [28]1996.

_____. *Pedagogia dos sonhos possíveis*. Org. Ana Maria Araújo Freire. São Paulo, Ed. Unesp, 2001.

_____. *Educação na cidade*. São Paulo, Cortez, [7]2006.

GADOTTI, Moacir, ROMÃO, José E. (org.). *Autonomia da escola*: princípios e propostas. São Paulo, Cortez/IPF, 2001.

_____. *Educação de jovens e adultos*: teoria, prática e proposta. São Paulo, Cortez/IPF, [8]2006.

GÉGLIO, Paulo C. O papel do coordenador pedagógico na formação do professor em serviço. In: ALMEIDA, L. R. de, PLACCO, V. M. S. N. *O coordenador pedagógico e o cotidiano da escola*. São Paulo, Loyola, 2003.

IMBERNÓN, Francisco. *Formação continuada de professores*. Porto Alegre, Artmed, 2010.

_____. *Formação docente e profissional*. São Paulo, Cortez, 2000.

PLACCO, V. M. S. N., SOUZA, V. L. T. de. *Aprendizagem do adulto professor*. São Paulo, Loyola, 2006.

TORRES, Suzana R. Reuniões pedagógicas: espaço de encontro entre coordenadores e professores ou exigência burocrática. In: ALMEIDA, L. R. de, PLACCO, V. M. S. N. (org.). *O coordenador pedagógico e o espaço de mudança*. São Paulo, Loyola, 2001.

VALENTE, Wagner R. A formação em serviço do professor coordenador pedagógico a partir da troca de experiências e como possibilidade de produção de conhecimento. *Caderno de Formação*, Apeoesp, Sindicato dos Professores do Ensino Oficial do Estado de São Paulo, n. 2 (nov. 1990).

VASCONCELLOS, Celso dos S. *Resgate do professor como sujeito de transformação*. São Paulo, Libertad, 2001.

_____. *Coordenação do trabalho pedagógico*: do projeto político-pedagógico ao cotidiano da sala de aula. São Paulo, Libertad, 2002.

8
Desafios do coordenador pedagógico no processo de inclusão de alunos com deficiência no ensino regular

Lucia Gusson Aguiar[1]
luciagusson@.ig.com.br

Introdução

Em todo sistema escolar a exigência do bom desempenho de alunos é uma fonte de constante preocupação, tanto para a equipe técnica quanto para pais, mantenedores ou gestores públicos, que buscam providências imediatas caso ocorram defasagens, especialmente quando se trata de alunos com problemas no processo de escolarização.

O modelo outrora aplicado da exclusão aos alunos denominados indisciplinados ou com supostas dificuldades de aprendizagem vem dando lugar gradativamente à aceitação da diversidade humana e à afirmação da importância de buscar alternativas para o atendimento das variadas necessidades educacionais que se apresentam na escola.

Hashimoto (2003) aponta que a escola foi gradativamente ampliando sua responsabilidade e que sua demanda cresceu enormemente, e que nem sempre o professor esteve preparado para

---

1. Mestre em Distúrbios do Desenvolvimento pela Universidade Presbiteriana Mackenzie, Supervisora de Ensino na rede municipal de Embu das Artes-SP.

abarcá-la, necessitando da ajuda de outros profissionais para lhe dar suporte nas questões do cotidiano. Entre esses profissionais, a figura do coordenador pedagógico se firma no sistema escolar como o profissional mais próximo a quem o professor pode pedir ajuda ou, minimamente, compartilhar suas dificuldades.

Deste modo, a atribuição do coordenador pedagógico se amplia para o trabalho com professores, pais e alunos, em busca de estabelecer parcerias para o sucesso desse trabalho que, todavia, não ocorre isoladamente, mas em articulação com o gestor e com o apoio de outros profissionais.

Administrar o cotidiano da escola exige do coordenador não somente o cumprimento do planejamento curricular, mas também a articulação das relações interpessoais e seus múltiplos interesses. Batista (2003) fala desta complexa teia que se estabelece no espaço escolar e atribui ao coordenador pedagógico a função de administrá-la, o que inclui a aplicação das determinações legais.

A legislação que rege o sistema educacional brasileiro prevê que todos os alunos sejam atendidos predominantemente no sistema regular de ensino, e sobre esta determinação encontramos o parecer de Mello (1997), que aborda a função integradora que a escola desempenha na vida de crianças e adolescentes:

> O primeiro passo para a integração social passa pela escola, já que o papel dela não é apenas o de ensinar cadeiras acadêmicas como português e matemática, mas também o de participar decisivamente no estabelecimento dos padrões de convivência social (MELLO 1997, p. 14).

Como podemos notar, a escola exercerá uma grande influência na vida da criança, pois nela estará seu grupo de amigos e sua principal fonte de socialização. A presença de um aluno com deficiência na escola demandará do coordenador pedagógico e de toda a equipe escolar um olhar sensível para enxergar, além da deficiência, um aluno com direitos e deveres, desejos e necessidades comuns a todos os outros, enfim, um ser de aprendizagem.

A presença do aluno com necessidade educacional especial na rede regular de ensino apresenta-se como um ganho inigualável no campo dos direitos humanos, ampliando as possibilidades de relações sociais e de aprendizagem para esta parcela do alunado, bem como para os demais alunos. Para garantir o acesso e a permanência com qualidade do trabalho pedagógico, a Lei de Diretrizes e Bases n° 9.394/1996 estabelece no artigo 59: "os sistemas de ensino assegurarão aos educandos com necessidades especiais: *I – currículos, métodos, técnicas, recursos educativos e organização específica, para atender às suas necessidades*" (BRASIL 1996).

Considerando a importância da escola na formação dos alunos, todos os esforços devem convergir para que a instituição possibilite não apenas o acesso, mas também a permanência de seus alunos no sistema de ensino, garantindo o seu desenvolvimento integral.

Buscar a qualidade do ensino é um grande desafio. Entretanto, os professores foram preparados para trabalhar com conteúdos, metodologias e avaliações que pressupõem um aluno idealizado, uma vez que sua formação acadêmica, com raras exceções, pouco contribuiu com orientações para o trabalho com alunos com deficiência.

Ainda que haja excelentes intenções no trabalho com alunos com deficiência, há que se ter formação, orientação e suporte técnico adequados, fato ainda pouco evidenciado no meio docente e nos cursos de licenciatura.

Estudos como o de Vieira (2004) sinalizam que o papel do professor se ampliou: não basta para ele ser especialista em sua própria área, mas deve ser conhecedor do desenvolvimento humano e, por conseguinte, mediador entre o aluno e o meio. Assim, a presença do coordenador pedagógico nos encontros semanais de orientação ou nas reuniões pedagógicas se traduz em mais um suporte na construção deste novo paradigma.

Para Souza (2004, p. 96), a escola é um espaço de constante contradição e complexidade: "Pensando na escola como espaço organizado, com grupos distintos, programas e rotinas, não é possível concebê-la sem antagonismos, os quais geram conflitos permanentes". Partindo do princípio de que sempre haverá conflitos, a autora aponta para a importância de o coordenador pedagógico abandonar a busca por um grupo homogêneo, pois isso nunca ocorrerá.

Assim, a cada matrícula de um novo aluno com deficiência, faz-se necessário um planejamento visando a adequar cada situação, o que passa por conteúdo, metodologia, recursos didáticos, avaliação, até o momento de socialização deste aluno com os demais integrantes da escola.

O papel do coordenador pedagógico, em conjunto com outros especialistas, como auxiliar nas necessidades pontuadas acima, apresenta-se como um elo entre o aluno e a comunidade escolar e como um facilitador entre este aluno e seus pares.

É imprescindível o apoio de diferentes profissionais que auxiliem as múltiplas tarefas que a escola exerce atualmente, uma vez que esta instituição está cada vez mais dinâmica e complexa. Esta complexidade vem trazendo ao trabalho do coordenador novas atribuições e a necessidade de novos saberes.

Embora o coordenador pedagógico tenha como eixo principal de seu trabalho o acompanhamento do processo de ensino–aprendizagem, ele tem exercido tarefas burocráticas e prestado socorro a várias situações escolares, sobrecarregando-se ainda mais em meio à sua agenda.

Essa sobrecarga de tarefas exige do coordenador a consciência sobre suas limitações e possibilidades de atuação, evitando assim que se sinta pressionado a dar solução a todos os problemas gerados na escola.

Alunos com deficiência em processo de inclusão

Inúmeros trabalhos e pesquisas apontam para medidas as mais integradoras possíveis. Por outro lado, vemos medidas mais comedidas, considerando em sua análise a natureza da deficiência e a avaliação dos recursos disponíveis no meio escolar para sua efetivação total ou parcial.

Às sociedades que acolhem em seu sistema quaisquer integrantes, sejam quais forem as diferenças que eles possam apresentar, ser-lhes-á dada a denominação de inclusivas, tendo em vista a forma como veem este integrante como mais um, e não simplesmente como *o outro*, numa alusão a alguém cuja natureza não nos é próxima e muito menos conhecida.

Neste momento faz-se necessário apontar que, assim como existem diferentes modos de pensar sobre a deficiência, também encontramos alguns termos que, embora diferentes, podem expressar mensagens semelhantes ou antagônicas do que se entende por inclusão do aluno com deficiência no ensino regular.

Sobre o termo inclusão, Mader (1997, p. 47) explica: "Inclusão é o termo que se encontrou para definir uma sociedade que considera todos os seus membros como cidadãos legítimos".

Como podemos notar pela citação, o diferente deixa de ser visto por sua condição de impossibilidade ou inadequação, passando a ser aceito por sua condição básica de ser humano.

Embora esta constatação possa num primeiro momento ser redundante, vale lembrar que em períodos distintos da história a condição de qualquer pessoa diferente (pela deficiência, pela etnia, pela opção sexual etc.) era suficiente para que a sociedade não apenas a excluísse do convívio, mas também a destituísse de seu direito ao acesso a bens e serviços.

Numa demonstração clara da importância do acolhimento da pessoa com deficiência na sociedade brasileira, encontramos nas Diretrizes Curriculares Nacionais para a Educação Especial (2001) a seguinte definição de inclusão:

> [...] a inclusão postula uma reestruturação do sistema educacional, ou seja, uma mudança estrutural no ensino regular, cujo objetivo é fazer [...] que a escola se torne inclusiva, um espaço democrático e competente para trabalhar com todos os educandos, sem distinção de raça, classe, gênero ou características pessoais, baseando-se no princípio de que a diversidade deve não só ser aceita como desejada (BRASIL 2001, p. 40).

Pensar em inclusão é, portanto, ampliar a visão de direito e igualdade da pessoa com deficiência, impulsionando-a a usufruir os benefícios da vida pública e privada, em um contato mais estreito e igualitário com as mais variadas possibilidades de desenvolvimento pessoal.

Para Ribeiro (2003, p. 49), "O pressuposto da inclusão é que a escola ofereça oportunidades de aprendizagem a todos indistintamente, respeitando a diversidade de sua clientela", desafio nada fácil se considerada a quantidade de alunos em sala.

Cotidianamente na escola verificamos a indubitável condição de todo ser humano de influenciar e ser influenciado, portanto não nos faltariam exemplos para descrever situações de pessoas com deficiência, sejam elas crianças, jovens ou adultos, que alteraram decisões ou proporcionaram uma reflexão mais aprofundada sobre um determinado assunto, enriquecendo com fortes significados as relações com os membros à sua volta, testificando as infinitas possibilidades de sua atuação.

Este processo de integração, embora lento, é marcado pela representação individual ou coletiva que a sociedade tem da figura da pessoa com deficiência e pelo quanto as impressões, conscientes ou inconscientes, evocam nossos mais íntimos sentimentos de aproximação ou rejeição do outro diferente. "[...] Ao se discutir a questão da integração dos portadores de deficiências, é preciso ter em mente que eles se constituem como uma categoria socialmente construída de desvio" (OMOTE 1994, apud GLAT 1995, p. 21).

Segundo o autor, a pessoa com deficiência é percebida numa categoria denominada desviante, ou seja, foge aos padrões esperados.

Os argumentos de nossa sociedade contra a participação ativa de seus membros desviantes são denominados estereótipos. Para elucidar o conceito de estereótipo encontramos a seguinte definição:

> Quando essas tipificações generalizadas são consideradas como se fossem verdades universais, se constituem nos chamados estereótipos. Estereótipos representam uma forma poderosa de controle social, constituindo os mecanismos cognitivos de manutenção dos estigmas (OMOTE 1987, apud GLAT 1995, p. 21).

Embora desejemos combater os estereótipos, sabemos a força que representam em nossas concepções e em nossas ações diárias, dificultando o acesso e a permanência de pessoas desviantes em nosso meio.

Olhando para dentro das escolas podemos notar as dificuldades de alunos com deficiência e de seus familiares na tentativa de se fazerem inseridos no sistema público de ensino. Mesmo na escola pública, que tem por princípio a gratuidade, percebemos entraves para que este cidadão seja efetivamente incluído, dadas as inadequações da estrutura de ensino, assim como a resistência dos que nela trabalham.

Neste sentido as pessoas com deficiência podem assumir gradativamente rótulos que lhes são impostos, sendo lembradas não por suas capacidades, mas por suas dificuldades ou limitações decorrentes de sua deficiência, o que se traduz em desvantagem do ponto de vista social e de aprendizagem.

Para auxiliar no rompimento gradativo destas barreiras sociais a escola pode promover o debate sobre este tema e buscar o auxílio de diferentes profissionais, materiais e técnicas que atendam os alunos nas mais variadas deficiências, como o sistema braille para o aluno com deficiência visual, o LIBRAS para o estudante com deficiência auditiva, o uso de computador para o aluno com paralisia cerebral impedido de utilizar os movimentos dos dedos para escrever com lápis ou caneta, e outros.

Enfim, sempre será bem-vindo o auxílio de recursos e de uma equipe multidisciplinar (fonoaudiólogos, fisioterapeutas, psicólogos etc.) que possa auxiliar o professor e o coordenador pedagógico em suas dúvidas, fornecendo subsídios para que atuem mais proficuamente com alunos com deficiência em situação de aprendizagem.

Segundo Glat, o papel da escola e, em especial, dos educadores é colaborar para levar à "clientela a conscientização de sua condição psicossocial e a instrumentalização para lutar por condições de vida as mais amplas possíveis" (GLAT 1995; 1997, p. 200).

Assim, especial não é necessariamente um aluno com ou sem deficiência, mas serão os recursos que a escola disponibilizará para assegurar uma aprendizagem significativa e eficaz no ambiente escolar.

Tecendo uma escola inclusiva

Temos a grata satisfação de encontrar coordenadores empenhados e parceiros de seus professores na tarefa articuladora do projeto pedagógico, mas temos percebido em nossa prática que alguns ainda se sentem desprovidos de instrumentos teóricos e práticos para fazer a intervenção no trabalho docente, principalmente quando o assunto envolve metodologia, instrumentos de avaliação e intervenção pedagógica junto aos alunos com dificuldades no processo de escolarização. Sobre as complexas competências do coordenador pedagógico Vianna (2001) acrescenta que deve ainda "[...] lidar com as representações que o professor traz sobre suas dificuldades e os entraves das relações interpessoais". Ou seja, identificar de que forma os preconceitos e valores de cada docente interferem em sua prática, e se estão favorecendo ou não a aprendizagem dos alunos.

Complementando esta ideia, Vieira (2004) aponta que as relações subjetivas empreendidas pelo coordenador para alcançar mudanças são fatores de resistência e doloridas, portanto difíceis de ser alteradas, pois pressupõem levar os docentes a enxergar por um novo ângulo uma mesma situação, que pode estar cristalizada.

Se primar pela qualidade da aprendizagem é a principal tarefa do coordenador, administrar as relações interpessoais também faz parte de suas funções. Assim, para Almeida (2004, p. 24), "Embora construir um grupo não seja tarefa fácil, conseguida num passe de mágica, a coesão do grupo é algo que se consegue passo a passo". Portanto, merece todo empenho e todo estudo do coordenador para buscar estratégias de sensibilização e reflexão.

Para muitos professores a simples presença do coordenador se traduz em inibição e receio de expor suas dificuldades, em virtude da visão hierárquica estabelecida entre ambos e das atribuições próprias do cargo de coordenador.

Nesta perspectiva, Vieira (2004) salienta a resistência que o coordenador pode sofrer ao propor mudanças no trabalho, porque isso poderá acarretar mudanças na rotina que envolve o fazer docente.

Se de um lado há os sentimentos da equipe escolar, alunos e pais, por outro há também a dimensão afetivo-emocional do próprio coordenador, que precisa ser considerada; ele também necessita de auxílio e tempos distintos para absorver mudanças e resistências, e é importante que o grupo reconheça esta limitação, não superestimando os limites deste profissional.

Neste momento poderíamos considerar ser também tarefa do coordenador pedagógico refletir junto com o professor sobre o processo de inclusão de alunos com deficiências, considerando não apenas as questões legais, mas também as representações que o grupo tem acerca da deficiência e da permanência desses alunos no espaço escolar.

Evidentemente, mitos e fantasias misturam-se às reais dificuldades que o processo de inclusão pode trazer para o professor; no entanto, é importante a mediação do coordenador pedagógico, como bem observa Christov (2001, p. 92): "Os saberes das teorias pedagógicas, os saberes do campo das relações interpessoais enredam-se no saber fazer a coordenação. Compõem a sabedoria necessária ao cotidiano dos coordenadores pedagógicos".

Para a autora, o coordenador deve buscar em seus diferentes saberes, muito mais que o conhecimento, a sabedoria tão necessária que lhe permita avaliar a situação e chegar à melhor intervenção para o problema que se apresenta.

Auxiliar o professor em sua tarefa docente requer do coordenador não apenas competência acadêmica em relação ao conteúdo, mas uma boa dose de sensibilidade para levar o professor a "[...] tentar algo mais: fazê-lo enxergar todos os ângulos com senso de humor, sem amarguras" (ALMEIDA 2004, p. 81).

Franco (2004) acrescenta a necessidade de atenção que o coordenador deve reservar aos professores que estão iniciando sua carreira, para que encontrem acolhida, orientação e estratégias de participação no projeto da escola, pois muitas vezes a rotina consome todo o tempo do coordenador, dificultando um contato mais próximo e planejado para este fim.

Ações do coordenador pedagógico na escola inclusiva

Até o momento constatamos que não basta colocar o aluno com deficiência na escola para que o processo de inclusão seja garantido, e que as relações que permeiam seu cotidiano devem ser compartilhadas por todos os profissionais que dele fazem parte, e não apenas pelo professor.

Esta visão participativa coloca todos os integrantes da escola como corresponsáveis pelas vivências que seus alunos terão, pois acreditamos também que a aprendizagem se processa na interdisciplinaridade, a partir de experiências prazerosas e significativas em contato com o outro.

Neste cenário, o coordenador pedagógico pode contribuir com a equipe escolar atuando como mediador das reflexões que o grupo tenha necessidade de compartilhar, articulando um plano de ação que defina suas estratégias de atuação e zelando, juntamente com o gestor da escola, para cumpri-lo com o mínimo de interrupções, ou seja, promovendo uma ação pedagógica coletiva, em direção aos objetivos comuns.

Articulando a formação docente

Nóvoa (1992) observa que a formação docente não estará isolada do contexto diário da escola, porque "A formação não se faz antes da mudança, faz-se durante, produz-se nesse esforço de inovação e de procura dos melhores percursos para a transformação da escola". Ou seja, construir uma escola inclusiva leva tempo e demanda esforço sistemático em reuniões pedagógicas ou estudos semanais que abordem temas de interesse e relacionados às necessidades do professorado.

Para este autor é importante que a formação docente ocorra no próprio ambiente escolar durante seu fazer pedagógico, possibilitando que teoria e prática assumam um significado próprio para cada professor e seu grupo de trabalho, pois em cada escola as ações serão ajustadas de acordo com as necessidades apresentadas por seus alunos e com os recursos disponíveis.

Esta ideia de formação dentro da escola certamente deve incluir um espaço de formação do próprio coordenador, em conjunto com professores ou outros coordenadores, compartilhando dúvidas e questões sobre a deficiência, estratégias e relações interpessoais.

Portanto, a formação em serviço requer planejamento sistemático no preparo das reuniões, seleção de textos, escolha de dinâmicas e organização dos registros sobre os avanços, dificuldades e encaminhamentos com cada aluno, para que as reuniões não se percam em divagações ou sejam mero repasse de informes.

Sabemos, porém, que o cotidiano impõe muitas vezes que o coordenador desvie seu foco de atenção das ações de aprendizagem para situações emergenciais. No entanto, compete-lhe encaminhar o aluno a profissionais se há de fato um problema específico, procurando não transferir para outros profissionais problemas cuja natureza é pedagógica.

Se a escola se mobiliza para um estudo permanente no planejamento das reuniões semanais, é importante reservar um espaço para a discussão das adaptações curriculares dos conteúdos, estratégias, recursos e avaliações necessários para o trabalho com cada estudante com deficiência.

Promovendo a integração do aluno com deficiência

O aluno com necessidades educacionais especiais, mesmo não contando com professores tecnicamente preparados para atuar com a desvantagem gerada pela deficiência, também sente os mesmos desejos e necessidades que os demais de aprender e conviver, ou seja, de pertencer, ser estimado e deixar lembranças na vida de outros colegas.

Muitas vezes, a deficiência impõe ao aluno limitações que podem ser de fala, audição, visão ou movimentos, as quais dificultam sua interação com os demais.

Muitas vezes o coordenador pedagógico e o professor encontrarão respostas em como trabalhar com o aluno ouvindo-o ou percebendo suas reações sobre como e quando deverão utilizar uma estratégia diferenciada para atendê-lo. A equipe escolar, com esta postura respeitosa, está reconhecendo o aluno como um ser capaz de expressar suas necessidades e vontades, o que fortalece sua autonomia no processo educacional.

Mesmo assim, atualmente muitos alunos com deficiência fazem parte do cotidiano da sala de aula regular mas não fazem parte das festas e dos programas de final de semana, ou ainda das rodinhas de bate-papo na hora do recreio. Realizar o processo de inclusão não se impõe por força de lei, mas se vive ou não na disposição interna de cada pessoa em ter um encontro efetivo com o diferente.

Uma das estratégias para auxiliar a integração consiste em organizar ações de socialização que valorizem o conhecimento e as habilidades destes estudantes para além da sala de aula, em atividades que integrem a cognição, os movimentos e a socialização, e para isto vale contar com professores, alunos e funcionários da escola que se engajem em projetos de integração de forma voluntária e solidária, tanto no horário de aula como em atividades extraclasse.

Entendemos que esta visão mais abrangente de educação não poderia deixar de lado a participação ativa do aluno, colocando-o como um membro ativo da comunidade, inserindo-o em atividades de liderança, sempre que possível.

Compartilhando aulas e registros

Muitos coordenadores, em comum acordo com os professores, estabelecem combinados para assistir a suas aulas e ler semanalmente seus planejamentos e relatórios de avaliação.

Essa prática tem permitido enxergar o outro como parceiro e construtor dos saberes produzidos na escola, levado a um diálogo respeitoso a partir dos registros e permitido discutir e sugerir estratégias e avaliações mais adequadas para o aluno com deficiência.

Ora, se a relação interpessoal é permeada por este clima empático, podemos dizer então que ocorreu o que Placco (2004, p. 51) denomina "responsabilidade partilhada". Ambos reconhecem seus papéis e limitações e buscam em conjunto sanar as dificuldades e avançar sobre novos desafios.

Caso o coordenador tenha estabelecido com seu grupo a prática de assistir às aulas, Clementi (2003, p. 58) alerta que

> [...] é importante que tenha feito acordos prévios, delimitado critérios para essa observação e que estes tenham significado para o professor. Assim, num momento posterior ao da aula, ambos

poderão discutir objetivamente sobre o que foi feito, aprofundando e relacionando teorias estudadas com práticas atuais e futuras.

Seja assistindo às aulas, lendo semanários, registros de avaliação, ou dirigindo reuniões pedagógicas, o caráter articulador e reflexivo do coordenador parece-nos o mais aconselhável para promover a harmonia entre o grupo, muito embora possamos contar com a resistência voluntária de alguns educadores que dificultará essa parceria.

Troca de experiências

Na visão de Canário (1998), os saberes "centrados na escola" são muito mais significativos porque geram mudanças mais profundas na ação docente e superam a educação "formalizada, descontextualizada e escolarizada que é dominante". Nem sempre os docentes e coordenadores valorizam essa formação, pois esperam que as melhores soluções e propostas venham de instituições de ensino superior, o que nem sempre é real.

Se de um lado encontramos a valorização da formação em serviço, temos de acrescentar o papel fundamental de instituições renomadas que oferecem formação de alta qualidade aos profissionais interessados em se aperfeiçoar nas questões teóricas e práticas das deficiências.

A postura do coordenador ao proporcionar momentos de troca de experiências entre os professores demonstra valorização pessoal e profissional a cada um de seu grupo, fortalecendo o elo entre seus integrantes, o que, para Canário (1998), outorga legitimidade.

Essa vivência pode ser compartilhada em encontros de formação ou oficinas que reúnam professores de diferentes escolas, com a apresentação de relatos de prática, *portfolios* e estudos de caso. Estas ações rebatem o isolamento que muitos professores adotam por se sentirem incapazes de fazer o melhor para os alunos com deficiência e leva-os a perceber que muitos outros buscam caminhos e vencem desafios semelhantes. Manter fichas de acompanhamento sistemático do desenvolvimento do aluno é um recurso importante, que favorece a visualização do trabalho, assim como dos avanços.

Os estudos de Canário (1998) e Bruno (2004) consideram que a escola é um espaço dinâmico; portanto, é preciso criar situações de estudo e registro; assim, "O tempo para a reflexão coletiva e para o estudo individual seria uma condição básica primeira para efetivar o desejo de mudança" (BRUNO 2004, p. 81).

Buscar parcerias

Atualmente muitos sistemas de ensino têm organizado grupos de educadores habilitados em deficiências para fornecer suporte às escolas no processo de inclusão de alunos com deficiência no ensino regular.

Esses grupos percorrem as escolas participando de encontros semanais para auxiliar o professor e os coordenadores nas adaptações curriculares e refletir em conjunto com a unidade escolar sobre as melhores ações para garantir a aprendizagem e a socialização do educando.

Avaliação contínua do processo de inclusão

A avaliação deve ser um instrumento de reflexão individual do coordenador, que considere as variadas atribuições que desempenha. Refletir sobre o que faz, por que faz e para que faz pode contribuir para seu amadurecimento profissional na busca do redimensionamento de suas atribuições e de sua formação.

Esta prática, porém, deve caber a todos os profissionais da escola, que devem se perguntar como têm contribuído para o processo de inclusão, ou seja: Minhas ações têm favorecido a socialização do aluno? Tenho contribuído para que o aluno adquira autonomia? Tenho oferecido suporte ao professor que atua diretamente com o aluno? Que ações simples posso adotar para favorecer o desenvolvimento do aluno com deficiência?

Uma escola que consegue olhar para dentro de si de forma honesta e objetiva amplia a possibilidade de encontrar novos e melhores caminhos para os alunos e seus profissionais.

Conclusão

A inclusão de alunos com deficiência é uma conquista, e os profissionais da educação não podem se eximir da responsabilidade de atendê-los em suas necessidades específicas de aprendizagem e de convivência no espaço escolar.

Portanto, o processo de capacitação dos atores educacionais se impõe como contínuo, e é *na escola* que se processa a mais profícua aprendizagem sobre o fazer educacional, por meio de uma contribuição individual e coletiva em que todos os protagonistas estejam empenhados na discussão e na busca de novos e melhores caminhos para o processo de inclusão.

Referências bibliográficas

ALMEIDA, Laurinda Ramalho de. A dimensão relacional no processo de formação docente: uma abordagem possível. In: BRUNO, Eliane Bambini Gorgueira, ALMEIDA, Laurinda Ramalho de, CHRISTOV, Luiza Helena da Silva (org.). *O coordenador pedagógico e a formação docente*. São Paulo, Loyola, [5]2004.

BATISTA, Sylvia Helena Souza da Silva. Coordenar, avaliar, formar: discutindo conjugações possíveis. In: ALMEIDA, Laurinda Ramalho de, PLACCO, Vera Maria Nigro de Souza (org.). *O coordenador pedagógico e o espaço de mudança*. São Paulo, Loyola, [3]2003.

BRASIL. Congresso Nacional. Lei de Diretrizes e Bases da Educação Nacional. Lei nº 9.394/1996, de 20 de dezembro de 1996. *Diário Oficial da União*, 23 dez. 1996.

_____. Conselho Nacional de Educação. Câmara de Educação Básica. Resolução CNE/CEB/2001. *Diário Oficial da União*, 11 set. 2001.

BRUNO, Eliane Bambini Gorgueira. Desejo e condições para mudança no cotidiano de uma coordenadora pedagógica. In: PLACCO, Vera Maria Nigro de Souza, ALMEIDA, Laurinda Ramalho de Almeida (org.). *O coordenador pedagógico e o cotidiano da escola*. São Paulo, Loyola, [2]2004.

CANÁRIO, Rui. A escola: o lugar onde os professores aprendem. *Psicologia da Educação*, São Paulo, v. 6 (1998).

CHRISTOV, Luiza Helena da Silva. *Sabedorias do coordenador pedagógico: enredos do interpessoal e de (con)ciências na escola*. Tese (Doutorado). São Paulo, Pontifícia Universidade Católica, 2001.

CLEMENTI, Nilva. A voz dos outros e a nossa voz: alguns fatores que intervêm na atuação do coordenador. In: ALMEIDA, Laurinda Ramalho de, PLACCO, Vera Maria Nigro de Souza (org.). *O coordenador pedagógico e o espaço de mudança*. São Paulo, Loyola, ³2003.

FRANCO, Francisco Carlos. O coordenador pedagógico e o professor iniciante. In: BRUNO, Eliane Bambini Gorgueira, ALMEIDA, Laurinda Ramalho de, CHRISTOV, Luza Helena da Silva (org.). *O coordenador pedagógico e a formação docente*. São Paulo, Loyola, ⁵2004.

GLAT, Rosana. *A integração social dos portadores de deficiências:* uma reflexão. Rio de Janeiro, Sette Letras, 1995.

_____. Um novo olhar sobre a integração do deficiente. In: MANTOAN, Maria Teresa Eglér (org.). *A integração de pessoas com deficiência*: contribuições para uma reflexão sobre o tema. São Paulo, Memnon/Ed. Senac, 1997.

HASHIMOTO, Cecília Iacoponi. Dificuldades de aprendizagem: concepções que permeiam a prática de professores e orientadores. In: ALMEIDA, Laurinda Ramalho de, PLACCO, Vera Maria Nigro de Souza (org.). *O coordenador pedagógico e o espaço de mudança*. São Paulo, Loyola, ³2003.

MADER, Gabriele. Integração da pessoa portadora de deficiência: a vivência de um novo paradigma. In: MANTOAN, Maria Teresa Eglér (org.). *A integração de pessoas com deficiência*: contribuições para uma reflexão sobre o tema. São Paulo, Memnon/Ed. Senac, 1997.

MELLO, Ana Maria S. Ros de. Autismo e integração. In: MANTOAN, Maria Teresa Eglér (org.). *A integração de pessoas com deficiência*: contribuições para uma reflexão sobre o tema. São Paulo, Memnon/Ed. Senac, 1997.

NÓVOA, Antonio (coord.). *Os professores e a sua formação*. Lisboa, Don Quixote, 1992.

PLACCO, Vera Maria Nigro de Souza. O coordenador pedagógico no confronto com o cotidiano da escola. In: PLACCO, Vera Maria Nigro de Souza, ALMEIDA, Laurinda Ramalho de Almeida (org.). *O coordenador pedagógico e o cotidiano da escola*. São Paulo, Loyola, ²2004.

RIBEIRO, Maria Luisa Sprovieri. Perspectivas da escola inclusiva: algumas reflexões. In: _____, BAUMEL, Roseli Cecília Rocha de Carvalho (org.). *Educação especial do querer ao fazer*. São Paulo, Avercamp, 2003.

SOUZA, Vera Lucia Trevisan. O coordenador e o atendimento à diversidade. In: PLACCO, Vera Maria Nigro de Souza, ALMEIDA, Laurinda Ramalho de Almeida (org.). *O coordenador pedagógico e o cotidiano da escola*. São Paulo, Loyola, ²2004.

VIEIRA, Marili M. da Silva. O coordenador pedagógico e os sentimentos envolvidos no cotidiano. In: PLACCO, Vera Maria Nigro de Souza, ALMEIDA, Laurinda Ramalho de Almeida (org.). *O coordenador pedagógico e o cotidiano da escola*. São Paulo, Loyola, ²2004.

9

Como acolher a singularidade das escolas? Uma reflexão sobre o papel do coordenador

Ecleide Cunico Furlanetto[1]
ecleide@terra.com.br

Somos tocados por acontecimentos, instantes vividos, relações, processos que nos marcam e arrebatam. Esses momentos apresentam-se como experiências marcantes, e, como ensina Larrossa Bondía (2002), experimentar significa ser arrebatado e jogado em lugares desprotegidos que nos obrigam a viver processos de reinvenção. Reconhecer esses momentos e ficar com eles, pensar sobre eles, permite que a experiência seja transformada em aprendizagem e em produção de conhecimento diferenciado.

Jung (1981) enfatiza que uma experiência é arrebatadora e transformadora, pois atinge as profundezas do ser. O saber, diferentemente do conhecer, nessa perspectiva, está imbricado com a experiência, pois emerge da compreensão do que se faz, fruto de

---

1. Doutora em Educação PUC-SP. Professora do Programa de Mestrado em Educação da Unicid.

um mergulho profundo em busca de sentidos. Gimeno Sacristán (2002) lembra que as aprendizagens mais significativas ocorrem em função do contato direto com a natureza, com as pessoas e com os objetos culturais. Tardif (2006), ao investigar os saberes docentes, destaca o saber experiencial, aberto, poroso, sincrético e ligado à esfera pessoal e profissional, construído com base nas interações.

Este texto nasce, pois, na confluência de duas experiências vividas como coordenadora pedagógica em diferentes escolas de ensino fundamental. Retomá-las possibilita ampliar a compreensão do papel do coordenador pedagógico e de como ele se reconfigura em cada cenário escolar.

Primeira experiência

Na década de 1980 assumi a função de coordenadora pedagógica em uma escola de ensino fundamental da rede particular de ensino. Foram tempos de sonhos e mudanças. Quem estava na escola naqueles anos sentia que novos ares estavam soprando. O construtivismo ganhava força nas escolas brasileiras e as ideias de autores como Piaget, Vygotsky e Emília Ferreiro, entre outros, começavam a influenciar o ideário pedagógico da época.

> Eu me perguntava: por que esses teóricos nos fascinam tanto? Parecia existir um apelo que não vinha só do exterior, algo que brotava de dentro de nós e constelava-se em nossas consciências. Sentíamo-nos instigados a buscar interlocutores que nos fornecessem ferramentas para materializar nossos anseios. Sonhávamos com uma escola diferente da que tínhamos frequentado. Queríamos ver alunos felizes aprendendo com prazer, gostando de ler escrever e de fazer novas descobertas. A escola carrancuda da fila, da cópia, do silêncio não nos servia mais (FURLANETTO 2006, p. 20).

Eu trabalhava juntamente com outra coordenadora, orientando professores das quatro primeiras séries do ensino fundamental, em sua maioria jovens profissionais cujas vidas se abriam para o futuro. Para eles, a escola era um espaço de possibilidades a ser exploradas, e essas novas ideias os fascinavam. O desejo de ousar e inovar e, ao lado, a insegurança e o medo de errar estavam presentes no cotidiano, ora impulsionando, ora paralisando processos.

Havia um embate constante entre as ideias e os princípios explicitados pelos teóricos e a realidade que teimava em resistir. O imprevisível e o inusitado questionavam os quadros de referências teóricas, mostrando que o caminho não era aplicação da teoria, mas a criação de uma zona de interseção entre ideias, princípios e realidade. Almeida (2008) observa que a sala de aula é uma oficina de convivência, onde é possível planejar, mas sempre existe um quê de aventura no trabalho pedagógico, fruto das relações estabelecidas nesse espaço. Cada classe, para Byington (2003), é um *Self* coletivo composto por forças individuais e coletivas, inconscientes e conscientes, subjetivas e objetivas que atuam configurando os processos de aprendizagem.

Havia uma integração singular de cada grupo com o planejamento que exigia revisão e adequação. Em meio a estudos, discussões, tensões e conflitos, o grupo foi tentando elaborar um quadro de referências coletivo, fruto do percurso, dos estudos e das descobertas dos componentes da equipe. Esse quadro nunca se completava, estava sempre em constante transformação. Além dos autores construtivistas, foi necessário buscar outras referências. Observou-se que outras dimensões, além das exploradas por esses autores, entravam em jogo no processo de ensino e aprendizagem. Segundo Paín (1992), além do nível lógico, a aprendizagem comporta um nível dramático. O primeiro refere-se aos conhecimentos transmitidos e às operações de pensamento, enquanto o nível dramático diz respeito aos sentidos de aprender para quem ensina, para quem aprende e para a sociedade na qual estão inseridos.

Em busca de maior compreensão do nível dramático da aprendizagem, a equipe pedagógica aproximou-se da psicologia analítica. Algumas coordenadoras pedagógicas da escola passaram a participar de grupos de estudos promovidos pela Sociedade de Psicologia Analítica. As obras de Jung, Byington e Newman, entre outras, foram lidas e discutidas. Os principais conceitos, além de estudados com base em leitura de textos, eram vivenciados a partir de técnicas expressivas.

Essa nova forma de aprender possibilitou a ampliação da compreensão dos processos de aprendizagem docente e o ensaio de novas atividades de formação. Ante a oportunidade de se expressarem por meio de relatos de suas práticas, revisão de suas histórias de vida e também mediante técnicas expressivas, os professores descobriam que seus "jeitos de ensinar e aprender" não eram fruto somente de aprendizagens conceituais e sim das mais variadas experiências existenciais. Elas delineavam um professor interno que emergia ao deparar com os desafios e conflitos de sala de aula que demandam respostas rápidas e inusitadas, entrelaçando os níveis lógicos e dramáticos.

Foram, portanto, ensaiadas novas práticas formativas, que ocorriam nos espaços de supervisão com os coordenadores, assessorias com especialistas de áreas e reuniões pedagógicas. Uma trama de relações de aprendizagem foi se estabelecendo, na qual todos trocavam de lugar, ora ensinando, ora aprendendo.

O recomeço

Por ter participado desse processo, considerado exitoso, fui convidada pela direção de outra escola para assumir o cargo de coordenadora das quatro séries finais do ensino fundamental, com o propósito de levar minha experiência para aquela instituição. Aceitei, pois, o desafio. Estava fascinada com as novas descobertas, certa da possibilidade de compartilhar minha experiência com o novo grupo.

Encontrei uma organização pedagógica que dificultava trocas individuais, pois não dispunha de horários sistemáticos para encontros entre a coordenadora e o professor, que dependiam da disponibilidade objetiva e subjetiva de cada professor. Havia uma reunião pedagógica semanal que abarcava reuniões de áreas, séries e gerais. Não havia outras coordenadoras pedagógicas no nível em que estava trabalhando, tampouco assessores de área. Contava, para coordenar esse trabalho, com a ajuda de duas diretoras que acumulavam a função de orientadoras educacionais, que assumiam a missão de contato com pais e alunos.

Encontrei professores especialistas apegados aos conteúdos de suas disciplinas e aos seus conhecimentos. Para muitos, eu era vista como ameaça ao trabalho que estava sendo realizado. Para uma minoria, que se sentia subjugada e marginalizada por discordar dos demais, ou para outros que até sonhavam com uma nova escola, eu surgia como uma *tábua de salvação*.

Os primeiros contatos foram tensos e difíceis, permeados por atitudes defensivas. Habitávamos territórios diferentes, não estávamos dispostos a trocar, mas a defender pontos de vista e convencer uns aos outros. Como salienta Placco (2008), o confronto com a mudança não ocorre sem resistências. Há sempre justificativas para permanecer em lugares já conhecidos.

Eles não aceitavam mudanças, pois desejavam uma coordenadora que, a exemplo da anterior, organizasse o cotidiano da escola, resolvesse seus problemas, enfim, facilitasse suas vidas. Procurei atender a essa demanda, buscando dessa forma a aceitação do grupo, embora me sentisse perdida no cotidiano escolar. Corria de um lado para outro, sempre muito ocupada, procurando, sem êxito, atender a todos. Ao finalizar o dia, pairava a sensação de não ter feito o suficiente, e por mais que fizesse surgia também a desconfiança de que os professores não estavam satisfeitos. Havia perdido o eixo e não sabia como recuperá-lo. Estava acostumada a ter pares com quem dialogar e elaborar os medos, as angústias e os desafios, porém dessa vez estava sozinha. Percebia a insatisfação por parte das diretoras, pois eu não estava atendendo às suas expectativas de mudanças. Elas, porém, estavam igualmente comprometidas com o passado da escola e, assim, ora davam alguns passos à frente, ora recuavam, com medo de perder algo que lhes fosse caro.

A descoberta do registro

Sem muita clareza sobre a forma de lidar com a situação, resolvi registrar meu cotidiano. Lançava, inicialmente, o que tinha acontecido naquele dia. Ao analisar as anotações, constatei que eram uma listagem de ações desenvolvidas. Logo, descobri que não podia ficar inerte. Era necessário planejar cada dia, e assim não ficaria à mercê dos acontecimentos. Poderia, então, prevê-los. Fui me certificando, no entanto, de que planejar e registrar também não eram medidas suficientes. Seria necessário pensar com afinco sobre esse aspecto. Para efeito de organização, passei a registrar as atividades em cores diferentes. O planejamento do dia era registrado na cor verde; os acontecimentos eram registrados em azul; e em vermelho passei a escrever minhas reflexões sobre o planejado e o vivido. Para Zabrano (2000), a escrita é algo que brota das profundezas do ser, do centro de seu recolhimento, preservando sua solidão, defendendo-o das circunstâncias e preservando sua integridade.

As primeiras escritas falam de uma sensação de insegurança. Convivia com um grupo disposto a olhar para minhas fragilidades e não para minhas competências, um grupo que parecia ter o desejo de me aprisionar em tarefas burocráticas e impedir que eu "desorganizasse" o projeto da escola. A imagem que havia construído a meu respeito, de uma coordenadora criativa e competente, estava se desfazendo. Em seu lugar surgia a figura de uma coordenadora insegura e imobilizada.

Registrar e escrever permitiram-me tomar distância do que estava vivendo e descobrir certo movimento em meu cotidiano, explicitado pelo que era incluído e o que ficava nas bordas, esquecido, nem sempre por falta de tempo, mas por representar "nós" difíceis de ser desatados. Algumas tarefas ficavam sempre para o dia seguinte, alguns professores apareciam constantemente nas páginas do planejamento, mas pouco nas páginas do registro do cotidiano.

Aos poucos, percebi que estava aprisionada numa "armadilha". Tinha estabelecido um contrato que implicava mudar o caminho que a escola estava percorrendo e, ao não reconhecer este caminho, estava à margem, sem poder fazer parte dele. Era necessário sair do lugar em que me encontrava, de coordenadora apegada ao passado e aos saberes que possuía, e colocar-me no lugar de quem se abre para uma nova aprendizagem.

O que tentei fazer, inicialmente, ao entrar nessa escola, foi interromper seu processo e construir um novo traçado para ela. Isso fez que fosse rejeitada pelos professores, que se defenderam hostilizando-me e boicotando o trabalho que eu pretendia realizar. O segredo do sucesso da experiência anterior não estava só no que tínhamos produzido, mas o processo que tínhamos vivido permitiu a formação de um grupo capaz de trabalhar com espírito de equipe e de produzir novos conhecimentos. Ao ficar fascinada pelo produto, deixei de lado seu aspecto mais valioso, ou seja, o processo responsável pelo produto.

A tarefa não foi fácil. Constatar foi só o primeiro passo. A mudança foi construída a cada dia. Encontro em meus escritos relatos que explicitam alguns passos nessa direção. Havia uma professora de matemática que exercia uma forte liderança no grupo, considerada muito competente por grande parte dos colegas e pais de alunos. Sua competência estava relacionada ao seu conhecimento sobre a matéria, à sua exigência e à capacidade de conduzir com autoridade a dinâmica da sala de aula. Por outro lado, essas mesmas características que a tornavam boa professora, aos olhos de muitos, a colocavam em situações difíceis. Alguns alunos ficavam paralisados em suas aulas, sem conseguir pensar; outros desenvolviam sintomas como dores de cabeça e enjoos, e essas situações eram relatadas às diretoras por alguns pais, que exigiam providências.

Como era eu a responsável pelo trabalho dos professores, coube a mim dar solução ao problema. Essa tarefa era uma das que tenderiam a permanecer nas bordas, mas enfrentei o desafio. Marquei alguns encontros, e neles a professora procurava mostrar o lado luminoso de sua prática: planejamentos impecáveis, materiais bem elaborados e a organização de suas aulas, com base na resolução de problemas, que promoviam o desenvolvimento do raciocínio dos alunos. Tudo parecia perfeito e, diante disso, me senti acuada, sem saber como abordar o lado sombrio de sua prática. Após inúmeras tentativas, fracassadas, de falar sobre o sofrimento de alguns alunos e das consequências desse sofrimento para a relação que estavam estabelecendo com a aprendizagem, resolvi reler meus registros e ver se encontrava alguma saída.

Observei que sempre procurava assumir o lugar de quem tem algo a ensinar e não a aprender. Eu estava tão focada em seu lado sombrio que desconsiderava seu lado luminoso. Optei por deslocar meu olhar para o que ela sabia fazer tão bem e que estava procurando me mostrar. Mergulhei no trabalho realizado por ela e descobri aspectos muito positivos. Ela tinha um desejo imenso de ensinar os alunos e acreditava que não era possível sacrificar a aprendizagem da maioria para poupar alguns alunos que considerava "preguiçosos". Acreditava que minhas tentativas de "proteger" esses alunos punham em risco a qualidade de ensino da escola. Ela tinha construído, com base em sua experiência, matrizes pedagógicas que procurava defender quando se sentia ameaçada por conhecimentos que se contrapunham aos seus (FURLANETTO 2007) Com o tempo, fomos baixando a guarda e descobrimos a possibilidade de aprender uma com a outra. Descobrimos que possuíamos conhecimentos diferentes que, ao ser disponibilizados, poderiam abrir novas possibilidades de pensamento.

Além de dialogar comigo e com os professores, senti necessidade de dialogar com a teoria. Jung desenvolveu um conceito denominado processo de individuação, básico em sua obra, o qual me permitiu ampliar a compreensão a respeito dos processos de desenvolvimento das escolas. Ele dizia que ao ser humano não basta apenas viver, mas construir sentidos para a vida. A sua grande tarefa é tornar-se si mesmo, e é importante que a consciência reconheça esse trajeto para poder colaborar com ele.

Descobri que cada escola percorre seu caminho, também tem seu processo de individuação, que não pode ser desrespeitado. Encontros como o que relatei foram me aproximando do grupo e aos poucos fomos aprendendo a transitar uns nos territórios dos outros sem provocar estragos e ativar defesas. Um acontecimento importante marcou nosso novo momento. Realizamos uma atividade que considerei fundamental para que pudéssemos finalmente nos encontrar. Retomamos, coletivamente, a história da escola em uma reunião pedagógica. Registramos essa história em uma grande linha do tempo.

As diretoras e os professores mais antigos relataram como a escola tinha se iniciado. Sonhos, valores, crenças, mitos e referências teóricas foram emergindo, alguns acolhidos, outros questionados. Aos poucos, todos foram se integrando ao processo e abrindo espaços para lembranças, brincadeiras e trocas. Pude também ingressar nessa linha e, finalmente, me sentir parte da escola. Ao terminarmos a atividade, constatamos que havia eixos que norteavam o trabalho desenvolvido, que poderiam nos auxiliar a projetar o futuro, que seria fruto de valorização do vivido, de desapegos e de aberturas para novas experiências.

Na semana de planejamento para o ano seguinte, pensamos em planejar o futuro de uma forma diferente. Em vez de nos dedicar à atualização dos planejamentos, resolvemos organizar diversas oficinas, cada qual pautada por uma linguagem utilizada pelas diferentes disciplinas da escola, tais como escrita, plástica, corporal, cartográfica, dos acontecimentos, da natureza e da geometria. Seriam coordenadas por professores que tivessem familiaridade com elas e frequentadas por professores de outras áreas. Todos enfrentariam o mesmo desafio, qual seja, o de recuperar os valores que tinham permeado suas trajetórias e os que deveriam nortear o projeto pedagógico da instituição. Esse trabalho foi realizado fora da escola, num hotel onde a equipe pedagógica permaneceu por três dias.

Essa vivência deslocou os professores de seus lugares e os fez estabelecer novas relações e experimentar novas maneiras de pensar e expressar. Ficou mais claro que a tarefa na escola era muito mais ampla, não se limitava apenas a transmitir alguns conteúdos disciplinares. Essa descoberta provocou certa angústia. Alguns professores diziam: "Eu não sei trabalhar com esses conteúdos, eu só fui preparado para ensinar minha disciplina".

Iniciamos, então, um período de estudos, nos dedicamos à leitura e à discussão de textos — toda essa leitura estava atrelada a uma mudança de planejamento. Construímos um novo modelo de unidade didática que ampliava a concepção de conteúdo. Os professores perceberam que seu compromisso não era somente com a disciplina, mas com o aluno e com a cultura. Sua disciplina era parte, não o todo, e como tal articulava-se com outras matérias. Não era possível ensinar história, apenas, mas perceber quais aspectos da história são importantes e devem ser conhecidos para uma compreensão mais ampla dos processos de desenvolvimento dos indivíduos e da sociedade como um todo.

Percebemos então uma dissociação em nosso trabalho. O trabalho pedagógico era pautado por teorias cognitivas, que procuravam desenvolver a função pensamento, enquanto o trabalho de orientação educacional estava pautado principalmente pelo desenvolvimento das capacidades emocionais.

O que nos permitiu integrar esses dois níveis foi o conceito de símbolo, construído inicialmente pela psicologia analítica (JUNG 1964). Para Byington (2003), o processo de formação da consciência ocorre com base na elaboração simbólica. Cada vivência, contato com ideias, com emoções, com a natureza e com outras pessoas, necessita ser elaborada pelo indivíduo e ressignificada; assim, ao viver esse processo, ele aprende e amplia sua consciência.

Percebemos que todos os conteúdos trabalhados na escola, fosse a Revolução Francesa, fosse a briga do João com o Gustavo, no recreio, além de suas dimensões objetivas, ao ser compreendidos, o eram a partir da subjetividade de alguém que lhes conferia sentido. Assim considerados, transformaram-se em símbolos importantes para o processo de desenvolvimento dos alunos e da comunidade. Era possível superar a visão de que a Revolução Francesa fazia parte do programa e precisava ser aprendida porque cairia no vestibular, e de que a briga dos dois atrapalhava a rotina da escola e portanto necessitava ser sufocada e punida para que não acontecesse mais. Quando percebidos como símbolos estruturantes do processo de desenvolvimento dos alunos, da cultura e elaborados adequadamente, esses dois conteúdos ampliaram a consciência individual e coletiva a respeito das relações sociais e ambos mostraram-se como situações de aprendizagem.

Os conflitos não terminaram, as dificuldades e as ansiedades participavam de nosso cotidiano, mas não estávamos mais paralisados e éramos capazes de pensar, criar e recriar nossas práticas.

Essas duas experiências possibilitaram-me compreender que cada escola tem uma história que lhe permite ser o que é. Não é possível negar esse percurso ou interrompê-lo abruptamente sem correr o risco de descaracterizá-la. Participar da construção desde

O início de uma escola permite maior proximidade e identificação com ela, o que diminui a quantidade de conflitos, mas, por outro lado, dificulta a abertura para o diferente. Assumir a coordenação em uma instituição com um passado solidamente construído, por um lado, acarreta sofrimento; por outro, porém, provoca crescimento e aprendizagem. Mesmo rejeitando alguns aspectos da escola — pois, como diz Veloso (2007), "Narciso acha feio o que não é espelho" —, fui obrigada a me abrir para sua história, respeitar suas matrizes e rever as minhas para poder fazer parte dela.

Para Enriquez (2002), o formador deve ser "o favorecedor de uma experiência exitosa", o que ocorre quando é possível realizar aprendizagens conjuntas. Para tanto, é necessário abandonar a onipotência e apropriar-se da ideia de que o saber não está encarnado nem em nós mesmos nem nos outros, mas está em outro lugar. A busca e a relação com o que não possuímos, mas que precisamos e desejamos, é que nos capacita para trabalhar e aprender juntos.

Referências bibliográficas

ALMEIDA, L. R. Diretrizes para a formação de professores: uma abordagem possível. In: PLACCO, V. M. S., ALMEIDA, L. R. (org.). *O coordenador pedagógico e os desafios da educação*. São Paulo, Loyola, 2008.

BYINGTON, C. A. *A construção amorosa do saber*: o fundamento e a finalidade da pedagogia simbólica junguiana. São Paulo, Religare, 2003.

ENRIQUEZ, E. *La institución y las organizaciones en la educación y la formación*. Buenos Aires, Centro Publicaciones Educativas y Material Didáctico, 2002.

FURLANETTO, E. *A sala de aula e seus símbolos*. São Paulo, Ícone, 2006.

_____. *Como nasce um professor?* Uma reflexão sobre o processo de individuação e formação. São Paulo, Paulus, ^{4}2007.

GIMENO SACRISTÁN, J. *Educar e conviver na cultura global*: as exigências da cidadania. Porto Alegre, Artemed, 2002.

JUNG, C. G. *O homem e seus símbolos*. Rio de Janeiro, Nova Fronteira, 1964.

_____. *O desenvolvimento da personalidade*. Petrópolis, Vozes, 1981.

LARROSA BONDÍA, J. Notas sobre a experiência e o saber da experiência. *Revista Brasileira de Educação*, n. 19 (jan.-abr. 2002) 20-28.

PAÍN, S. Laços lógicos e simbólicos do aprender. In: GROSSI, E. P., BORDIM, J. (org.). *Paixão de aprender*. Petrópolis, Vozes, 1992.

PLACCO, V. M. de S. A sala de aula como lócus de relações interpessoais e pedagógicas. In: _____, ALMEIDA, L. R. (org.). *O coordenador pedagógico e os desafios da educação*. São Paulo, Loyola, 2008.

TARDIF, M. *Saberes docentes e formação profissional*. Petrópolis, Vozes, 2006.

VELOSO, Caetano. Sampa. In: _____. *Cê ao vivo*. Rio de Janeiro, Universal, 2007, 1 Compact Disc., faixa 11.

ZABRANO, M. *A metáfora do coração e outros escritos*. Lisboa, Assírio & Alvim, 2000.